铝业企业
岗位风险点分析及控制

孙 强 主编

北京
冶金工业出版社
2018

内 容 提 要

本书共分5章，主要介绍了铝业冶金企业运行检修维护作业危险点分析及控制措施，内容基本涵盖各类作业中存在的各种危险因素，并从各个管理环节提出了具体的防范措施和明确要求。

本书可供有色冶金生产管理人员，有色冶金企业运行、检修、维护作业生产人员使用，也可供科研院所相关技术人员参考。

图书在版编目(CIP)数据

铝业企业岗位风险点分析及控制/孙强主编.—北京：冶金工业出版社，2018.1

ISBN 978-7-5024-7698-4

Ⅰ.①铝… Ⅱ.①孙… Ⅲ.①铝工业—工业企业管理—安全生产—生产管理—风险管理—中国 Ⅳ.①F426.32

中国版本图书馆CIP数据核字(2017)第322641号

出 版 人 谭学余
地　　址 北京市东城区嵩祝院北巷39号 邮编 100009 电话 (010)64027926
网　　址 www.cnmip.com.cn 电子信箱 yjcbs@cnmip.com.cn
责任编辑 杨盈园 美术编辑 杨 帆 版式设计 孙跃红
责任校对 郑 娟 责任印制 牛晓波
ISBN 978-7-5024-7698-4
冶金工业出版社出版发行；各地新华书店经销；三河市双峰印刷装订有限公司印刷
2018年1月第1版，2018年1月第1次印刷
169mm×239mm；12.5印张；194千字；188页
49.00元

冶金工业出版社 投稿电话 (010)64027932 投稿信箱 tougao@cnmip.com.cn
冶金工业出版社营销中心 电话 (010)64044283 传真 (010)64027893
冶金书店 地址 北京市东四西大街46号(100010) 电话 (010)65289081(兼传真)
冶金工业出版社天猫旗舰店 yjgycbs.tmall.com

（本书如有印装质量问题，本社营销中心负责退换）

编　委　会

前 言

危险点是如何演变成事故的，在人们的印象中，事故往往是预料之外、瞬间发生的。古人也常讲“祸从天降”、“飞来横祸”等等。其实，一切事物的发展变化都遵循着从无到有、由量变到质变的客观规律。事故也不例外，事故是存在于生产中的危险点逐渐生成、扩大和发展而形成的，在危险点的量变期间，人们没能引起重视而任其产生质的变化，最终造成了伤害和损失。分析一起起具体的事故，可以看到：危险点演变成现实的事故，一般要经历潜伏、渐进、临界和突变这四个阶段。(1) 潜伏阶段。指危险点已经生成却没有引起人们的注意，任其以固有的形态而存在的阶段。这是事故发生的初始阶段或萌芽状态，但还不至于很快地导致现实事故。1）机械设备虽然存在着缺陷，但没有明显暴露出来，不易被操作者所觉察；2）作业人虽然处于危险环境，但是存在侥幸心理，麻痹大意，明知作业对象存在危险点却疏于防范；3）危险点没有讲明，作业人员有险不知险；4）安全措施虽然拟定了但存在重大漏洞，应该重点防范之处却没有防范。以上这些，都可能成为事故的根源。(2) 渐进阶段。指潜在的危险点逐渐扩大的过程，仍处于事故的量变时期。在这个量变时期，机械设备原有的缺陷随着频繁的工作运行和时间的推移，将会产生更为严重的缺陷，例如：原有的焊道质量差，不够牢固，已开焊裂缝；电源线超负荷，已发热。违章操作也会给危险点的扩大创造外部条件，而一旦危险点扩大到一定程度，就会由量变引起质变，造成现实的事故。(3) 临界阶段。指事故即将发生但还没有发生变化的时期。这个阶段危险点的扩大已进入导致事故的边缘，是危险点引发事故的最危险阶段，就是通常所说的事故即将发生质变。因为任何事物的稳定状态只是相对的，稳定状态里包含着不稳定的因素，只不过是这时的相对稳定状态处于主导地位。近代科学研究表明，事物由稳定状态向不稳定状态转变期间，存在一个逐渐接近临界点的过渡阶段。由危险点导致事故也是如此，尽管潜伏阶段、扩大阶段都是向事故的最终结局靠近，但这两个阶段仍旧处于量变状态，是量变的积累。积累到一定程度达到临界点，即将要突破安全状态的最大限度，危险点就会真正演变为事故。预控的危险点，从危险点程度划分，有的是处于潜伏阶段的危险点，有的是处于扩大阶段的危险点，有的则是处于临界阶段的危险点。就有可能导致现实事故的危险点而言，控制临界阶段的危险点是预控事故的最后一道防线。处于这个阶段的危险点一旦被发现，必须立即处理，如果没有发现和处理，必然会导致事故的发生。(4) 突变阶段。指事故的形成阶段，是危险点生成、潜伏、扩大，临界的必然结果，是由量变到质变的飞跃。这个阶段，不是事物由稳定状态向不稳定状态的量变，而是发生了根本性的变化，即事物完全处于不稳定状态。在突变阶段，危险点已成为现实的无法挽回的事故，并且必然造成一定程度的危害。通常人们所见到的高处坠落、触电伤害、机械伤害、起重伤害等，都是危险点进入突变阶段造成的严重后果。

风险可以认定为一种可识别的不确定性。防控风险就是预防和控制这种不确定性。安全生产知识和技能的核心是对现场作业风险的辨识能力与防控能力，这种能力提高的基本途径是生产实践。为使作业人员能在安全生产活动中快速提高对危险点的辨识能力，并规范作业行为及作业现场，作者特组织编写了本书。本书涵盖了铝企业的氧化铝分厂、电解分厂、炭素分厂、动力分厂、质量保证部及各车间现场存在的危险点，对现场作业具有较强的指导作用。

由于作者水平所限，书中若有不足之处，敬请读者指正。

作　者
2017年9月

目 录

第一章

氧化铝危险点分析及控制措施

第一节　辅助车间危险点分析及控制措施

辅助车间危险点分析及控制措施见表1-1。

表1-1　辅助车间危险点分析及控制措施

序号	危险点	控制措施
1	汽包水位不显示	（1）操作工要严密监视汽包水位。 （2）经常校对自动水位控制器的灵敏度和准确度。 （3）如发现缺水，严禁及时补水，要先通过“叫水”的方法来确定缺水程度；如少量缺水，即可及时补水到规定液位；如果大量缺水，要紧急停炉，严禁补水
2	人身触电	（1）运行中电捕焦/轻严禁靠近；停运后及时放电。 （2）远离现场电缆裸漏部分。 （3）现场巡检电气设备使用右手手背触摸电气设备本体。 （4）严禁湿手操作电气开关
3	煤气管道防爆板冲破	（1）定期更换防爆板。 （2）保证系统压力平稳，严禁超压运行。 （3）现场巡检及时检查防爆膜情况，如存在漏气现象立即报缺陷处理

续表 1-1

序号	危险点	控制措施
4	煤气中毒	（1）现场巡检必须设置监护人，且随身携带 CO 检测仪。 （2）及时查看厂房内固定式有毒有害气体检测仪的报警情况，发现处理现场设备漏点。 （3）发生煤气泄漏时遵循逆风而逃的原则
5	煤气泄漏	（1）人员立即撤离泄漏区域，配好防护用品进行区域隔绝泄漏点，处理泄漏源。 （2）其他人员佩戴有毒有害气体检测仪，立即对泄漏区域进行隔离，防止其他人员误入泄漏区域
6	煤气爆炸	（1）严格执行操作规程，起停煤气炉，净化区设备进行逐个置换取样合格后方可进行下一步操作。 （2）起停煤气加压机操作时煤气站放散阀处设专人看护，与紧急情况立即组织开放散阀，防止煤气倒流发生爆炸
7	煤气着火	（1）严格执行煤气站门禁制度，进入煤气区域严禁携带烟火。 （2）动火作业严格执行动火作业审批制度。 （3）按时巡检煤气设备，及时发现并处理漏点，杜绝发生着火
8	误操作	（1）严格按规程操作，操作前核对设备名称及编号。 （2）重大起停操作严格按操作票内容执行操作，与主控室保持通讯畅通
9	烫伤	（1）避免与高温物体接触，操作蒸汽阀门时要缓慢进行。 （2）探火作业现场佩戴防烫伤专用手套，作业人员严禁正对探火孔方向，拔探火钎时注意探火钎高温烫伤

续表 1-1

序号	危险点	控制措施
10	二氧化碳窒息	（1）进入石灰窑及净化设备内部作业，必须置换合格后方可进入作业。 （2）二氧化碳加压机严禁长时间放散运行
11	机械伤害	（1）禁止跨越运行设备。 （2）清理设备卫生时不要触碰转动部位。 （3）设备的安全防护罩必须齐全可靠
12	皮带绞伤	（1）严禁在皮带上站立、行走及在皮带上休息。 （2）检查现场皮带防护设施是否齐全可靠。 （3）处理皮带问题必须做好安全措施及防止皮带误启动措施。 （4）清理卫生时与皮带保持安全距离
13	高处坠落	（1）禁止倚靠防护栏杆围栏。 （2）发现围栏损坏时及时报缺陷处理。 （3）高处作业时必须系好安全带；安全带需高挂低用，且必须悬挂在可靠的构件上。 （4）在操作平台上开关阀门时，用力不能过猛，防止摔伤
14	物体打击	（1）严禁在石灰窑上料系统下方停留，注意上料落石。 （2）使用工器具时严禁野蛮作业。 （3）试运现场设备时作业人员远离对轮，站在设备轴向位，防止零部件飞出伤人

第二节　预脱硅车间危险点分析及控制措施

预脱硅车间危险点分析及控制措施见表 1-2。

表 1-2 预脱硅车间危险点分析及控制措施

序号	危险点	控制措施
1	料浆槽冒槽	(1) 严格执行巡查制度，杜绝冒槽事故发生。 (2) 正确穿戴劳保用品。 (3) 各岗配备好硼酸水。 (4) 加强值班员液量平衡控制。 (5) 在频繁冒槽设备处设置警示标识
2	管道法兰刺料	(1) 严禁长时间在管道廊下方停留，巡检套管等高压管道时尽量减少停留时间。 (2) 正确穿戴劳保用品（防护镜）。 (3) 巡检人员巡检时避开法兰可能刺料方向
3	人身触电	(1) 严禁用湿手触摸带电设备。 (2) 检查电器设备温度时使用右手手背触摸。 (3) 严禁触摸现场裸漏电缆。 (4) 高压电器设备出现异常时严禁触摸
4	开关阀门	(1) 严禁用重锤敲打阀门或阀门手柄，检修时戴好防护用品，防止碱烧伤及蒸汽烫伤。 (2) 缓慢打开蒸汽阀门，按照要求首先对蒸汽管进行暖管，再按要求缓慢打开、调节至生产值。 (3) 人员严禁正对阀杆操作
5	碱灼伤	(1) 正确穿戴劳保用品。 (2) 平稳缓慢进行操作。 (3) 岗位备好硼酸洗液

续表 1-2

序号	危险点	控制措施
6	运行压力设备损坏	（1）严禁超压运行。 （2）定期校正仪表，定期检查仪表入口管道的堵塞情况，并及时清理，防止仪表显示失真。 （3）正确穿戴劳保用品。 （4）定期校正安全阀，检查安全阀入口管道的堵塞情况，并及时清理，防止安全阀实效。 （5）巡检压力容器必须有人监护
7	启动设备	（1）严格按照操作规程操作，盘车两周以上无卡塞现象后方可启动，提前做好事故预想。 （2）盘车作业现场必须将现场急停开关打至急停位
8	起重身伤害	（1）严格执行起重机械作业规定规程和起重机的操作规程。 （2）作业人员必须持证上岗。 （3）吊装口设置安全警示标识。 （4）吊装物下方严禁站人并设置警戒线
9	有限空间作业	（1）作业前必须将槽罐进料点全部切断。 （2）作业时必须采用 12V 安全照明电压。 （3）戴好防护面具，准备好稀硼酸及清水。 （4）办理有限空间作业许可证，设专人监护。 （5）涉及一级有限空间时需办理高风险作业许可证及编写《三措两案》
10	拆卸碱管	工作人员对碱管进行拆卸时必须戴好防护眼镜，拆卸前必须将管道内碱液放尽后，按照碱管法兰拆卸要求进行拆卸

续表 1-2

序号	危险点	控制措施
11	操作叶滤机	(1) 操作时戴好防护眼镜，岗位上必须有清水源、备用稀硼酸。 (2) 叶滤机运行时严禁超压运行。 (3) 检查出料小嘴时必须穿戴齐全防护用品。 (4) 定期效验压力表及安全阀，检查连接管道的堵塞情况，并及时疏通
12	开关高压蒸汽阀门	(1) 检查管道疏水情况，确认无水后方可操作。 (2) 操作缓慢进行，设专人监护。 (3) 检修时关闭阀门并上锁
13	高处坠落	(1) 禁止倚靠防护栏杆围栏。 (2) 发现围栏损坏时及时报缺陷处理。 (3) 高处作业时必须系好安全带；安全带需高挂低用，且必须悬挂在可靠的构件上。 (4) 在操作平台上开关阀门时，用力不能过猛，防止摔伤

第三节 生料车间危险点分析及控制措施

生料车间危险点分析及控制措施见表 1-3。

表 1-3 生料车间危险点分析及控制措施

序号	危险点	控制措施
1	料浆槽冒槽	(1) 严格执行巡查制度，杜绝冒槽事故发生。 (2) 正确穿戴劳保用品。 (3) 各岗配备好硼酸

续表 1-3

序号	危险点	控制措施
2	管道法兰刺料	（1）严禁长时间在管道廊下方停留，巡检套管等高压管道时尽量减少停留时间。 （2）正确穿戴劳保用品（防护镜）。 （3）巡检人员巡检时避开法兰可能刺料方向
3	人身触电	（1）严禁用湿手触摸带电设备。 （2）检查电器设备温度时使用右手手背触摸。 （3）严禁触摸现场裸漏电缆。 （4）高压电器设备出现异常时严禁触摸
4	碱灼伤	（1）正确穿戴劳保用品。 （2）平稳缓慢进行操作。 （3）岗位备好硼酸洗液
5	皮带系统人身伤害	（1）严禁跨越皮带，必须按要求走安全通道。 （2）保证停机作业打扫皮带。 （3）巡查时注意保持一定距离，防止衣服袖口被卷住。 （4）设备停机后配专人看管设备启动按钮，待清理完毕后再启动设备
6	起重身伤害	（1）严格执行起重机械作业规定规程和起重机的操作规程。 （2）作业人员必须持证上岗。 （3）吊装口设置安全警示标识。 （4）吊装物下方严禁站人并设置警戒线，以防高处坠落。 （5）严格执行起重设备的管理规程和起重机的操作规程

续表 1-3

序号	危险点	控制措施
7	尘肺、吸入性损伤、窒息	（1）按要求穿戴劳保用品，尤其戴上防尘口罩。 （2）在清理打扫时，注意周围的环境，避免被困在物料中
8	有限空间作业	（1）作业前必须将槽罐进料源全部隔离。 （2）办理有限空间作业许可证，涉及一级有限空间时需办理高风险安全许可证及编写《三措两案》。 （3）清理槽罐时必须采用12V安全照明电压。 （4）穿戴好防护用品，准备好硼酸水及清水
9	槽内顶部落物	（1）进入槽罐作业前确认槽内上方积料结疤的情况，排除坠落隐患后方可进入。 （2）处理槽内顶部结疤应选择安全可靠的方法（例如：使用液碱浸泡、爆破等），减少人员内部处理频次
10	物料垮塌	（1）内部积料清理前，确认内部积料情况，及时处理松散物料，防止物料垮塌掩埋。 （2）槽内积料清理遵循自上而下的原则，严禁使用打洞的方式挖掘清理

第四节 熟料烧成车间危险点分析及控制措施

熟料烧成车间危险点分析及控制措施见表1-4。

表1-4 熟料烧成车间危险点分析及控制措施

序号	危险点	控制措施
1	滑跌	上下楼梯把好扶手；女工上下楼梯不能穿高跟鞋；要防止滑跌

续表 1-4

序号	危险点	控制措施
2	衣角或头发卷入	穿戴好劳保用品；将长发盘起；行走时不跨越皮带、不靠近设备转动部位，工作服要求三紧
3	窑尾刺料	窑尾查枪戴好防护眼镜、长手套，使用长管钳作业；现场备好硼酸水
4	窑头罩反扑	日常疏通下料室戴好防护眼镜、披肩帽等；点火时窑头罩严禁人员逗留
5	下料口堵，人工疏通	严禁人员进入冷却机内部处理下料室大块，上部清理下料室使用合格脚手架，作业人员需戴好安全带、防尘口罩、防护眼镜、披肩帽、长手套等防护用品，安全带必须使用防坠器固定，防坠器严禁挂在脚手架上。使用打砖机疏通时，操作人员须持证上岗
6	高空坠落	正确使用安全带，并遵循高挂低用原则，作业时脚下站稳
7	磨煤机内部检查	必须办理高风险作业许可证，编写《三措两案》，设专人监护，使用防爆安全照明
8	高处作业	做好安保措施；穿戴好劳保用品；不可倚靠护栏
9	窑尾喷枪软连接处	胶管如有渗漏应该立即更换；开关阀门操作戴好防护眼镜，侧对阀杆
10	冷却机口反扑	回转窑喷煤前确认冷却机口、窑门口无人员逗留
11	粉尘伤害	进入生产区域，戴好防尘口罩
12	氮气窒息	进入制氮厂房两人同时巡检，戴好气体检测仪，一人作业、一人监护，保持厂房良好通风

续表 1-4

序号	危险点	控制措施
13	高温中暑	（1）减少测量筒体温度的时间。 （2）车间班组配备中暑应急药物。 （3）作业现场配备清水
14	触电	（1）雨天禁止到电除尘顶部巡检。 （2）严格执行操作规程停、送电。 （3）疏通灰斗必须电场断电。 （4）严禁湿手开关电气设备
15	机械伤害	（1）远离设备转动部分。 （2）严禁手触摸转动走轮及料斗螺栓。 （3）星型卸灰阀卡塞处理必须停运、断电
16	高温烫伤	（1）电除尘疏通灰斗人员站立在侧面，防止热灰扑面。 （2）进入电除尘区域，严禁人员盲目触碰窑灰。 （3）回转窑塌灰或跑大料，及时通知到各岗位，并有效隔离冷却机口，严禁人员进入冷却机平台

第五节　溶出车间危险点分析及控制措施

溶出车间危险点分析及控制措施见表 1-5。

表 1-5　溶出车间危险点分析及控制措施

序号	危险点	控制措施
1	料浆槽冒槽	（1）严格执行巡查制度，杜绝冒槽事故发生。 （2）正确穿戴劳保用品。 （3）各岗配备好硼酸。 （4）减少在槽底作业时间，在易冒槽设备上悬挂安全警示牌

续表 1-5

序号	危险点	控制措施
2	管道法兰刺料	（1）加强落实检修质量、严禁长时间在管廊下方停留，巡检套管等高压管道时尽量减少停留时间。 （2）正确穿戴劳保用品（防护镜）。 （3）巡检人员巡检时避开法兰可能刺料方向
3	人身触电	（1）严禁用湿手触摸带电设备。 （2）检查电器设备温度时使用右手手背触摸。 （3）严禁触摸现场裸漏电缆。 （4）高压电器设备出现异常时严禁触摸
4	开关阀门	（1）严禁用重锤敲打阀门或阀门手柄，检修时戴好防护用品，防止碱烧伤及蒸汽烫伤。 （2）缓慢打开蒸汽阀门，按照要求首先对蒸汽管进行暖管，再按要求缓慢打开、调节至生产值
5	碱灼伤	（1）正确穿戴劳保用品。 （2）平稳缓慢进行操作。 （3）岗位备好硼酸洗液
6	皮带系统人身伤害	（1）严禁跨越皮带，必须按要求走安全通道。 （2）保证停机作业打扫皮带。 （3）巡查时注意保持一定距离，防止衣服袖口被卷住。 （4）设备停机后配专人看管设备启动按钮，待清理完毕后再启动设备
7	起重身伤害	（1）严格执行起重机械作业规定规程和起重机的操作规程。 （2）作业人员必须持证上岗。 （3）吊装口设置安全警示标识。 （4）吊装物下方严禁站人并设置警戒线，以防高处坠落。 （5）严格执行起重设备的管理规程和起重机的操作规程

续表 1-5

序号	危险点	控制措施
8	尘肺、吸入性损伤、窒息	（1）按要求穿戴劳保，尤其戴上防尘口罩。 （2）在清理打扫时，注意周围的环境，避免被困在物料中
9	有限空间作业	（1）作业前必须将槽罐进料源全部隔离。 （2）办理有限空间作业许可证，涉及一级有限空间时需办理高风险安全许可证及编写《三措两案》。 （3）清理槽罐时必须采用 12V 安全照明电压。 （4）穿戴好防护用品，准备好硼酸水及清水
10	磨机调棒选棒	（1）有限空间作业。 （2）起重设备管理规定。 （3）放置砸伤。 （4）碱烧伤
11	溶出器筒体及轮带更换	（1）严格执行起重机械作业规定规程和起重机的操作规程。 （2）作业人员必须持证上岗。 （3）吊装口设置安全警示标识。 （4）吊装物下方严禁站人并设置警戒线高处坠落。 （5）吊装前对天车进行载荷试验

第六节　一二段脱硅车间危险点分析及控制措施

一二段脱硅车间危险点分析及控制措施见表 1-6。

表 1-6 一二段脱硅车间危险点分析及控制措施

序号	危险点	控制措施
1	地脚螺栓松动	（1）经常检查地脚螺栓是否牢固。 （2）加强设备巡回检查，对无振动测点的转机定时测振、对有振动测点的转机密切关注各测点振动值和电动机电流
2	料浆槽冒槽	（1）严格执行巡查制度，杜绝冒槽事故发生。 （2）正确穿戴劳保用品。 （3）各岗配备好硼酸。 （4）加强值班员液量平衡控制。 （5）在频繁冒槽设备上设置警示标识
3	管道法兰刺料	（1）严禁长时间在管道廊下方停留，巡检套管等高压管道时尽量减少停留时间。 （2）正确穿戴劳保用品（防护镜）。 （3）巡检人员巡检时避开法兰可能刺料方向
4	人身触电	（1）严禁用湿手触摸带电设备。 （2）检查电器设备温度时使用右手手背触摸。 （3）严禁触摸现场裸漏电缆。 （4）高压电机检查严禁触摸，杜绝频繁启停
5	刺料伤人	（1）开关阀门严禁用重锤敲打阀门或阀门手柄，检修时戴好防护用品，防止碱烧伤及蒸汽烫伤。 （2）缓慢打开蒸汽阀门，按照要求首先对蒸汽管进行暖管，再按要求缓慢打开、调节至生产值。 （3）人员严禁正对阀杆操作
6	碱灼伤	（1）正确穿戴劳保用品。 （2）平稳缓慢进行操作。 （3）岗位备好硼酸洗液

续表 1-6

序号	危险点	控制措施
7	运行压力设备损坏	（1）严禁超压运行。 （2）定期校正仪表。 （3）停车处理出口。 （4）正确穿戴劳保用品。 （5）定期校正安全阀。 （6）巡检压力容器必须有人监护
8	启动设备	（1）严格按照操作规程操作，盘车两周以上无卡塞现象后方可启动，提前做好事故预想。 （2）盘车作业现场必须将现场急停开关打至急停位
9	起重身伤害	（1）严格执行起重机械作业规定规程和起重机的操作规程。 （2）作业人员必须持证上岗。 （3）吊装口设置安全警示标识。 （4）吊装物下方严禁站人并设置警戒线
10	有限空间作业	（1）作业前必须将槽罐进料点全部切断。 （2）作业时必须采用 12V 安全照明电压。 （3）戴好防护面具，准备好稀硼酸及清水。 （4）办理有限空间作业许可证，设专人监护。 （5）涉及一级有限空间时需办理高风险作业许可证及编写《三措两案》
11	拆卸碱管	工作人员对碱管进行拆卸时必须戴好防护眼镜，拆卸前必须将管道内碱液放尽后，按照碱管法兰拆卸要求进行拆卸

续表 1-6

序号	危险点	控制措施
12	操作叶滤机	（1）操作时戴好防护眼镜，岗位上必须有清水源，备用稀硼酸。 （2）叶滤机严禁超压运行。 （3）检查出料小嘴时必须穿戴齐全防护用品。 （4）定期效验压力表及安全阀，检查连接管道堵塞情况，及时疏通
13	电离辐射	（1）清理检修闪蒸器必须管理核源，尽量减少内部停留时间。 （2）巡检时远离核源。 （3）定期检查核源上锁情况是否完好
14	开关高压蒸汽阀门	（1）检查管道疏水情况，确认无水后方可操作。 （2）操作缓慢进行，设专人监护。 （3）检修时关闭阀门并上锁

第七节　洗涤车间危险点分析及控制措施

洗涤车间危险点分析及控制措施见表 1-7。

表 1-7　洗涤车间危险点分析及控制措施

序号	危险点	控制措施
1	人员思想状态不稳	（1）保持思想稳定，不能掺带个人情绪进行工作。 （2）要集中精力，工作过程中不能有私心杂念
2	人员精神状态不佳	（1）上岗工作前不能饮酒。 （2）休息充足，保持良好的精神状态。 （3）不带病参加工作

续表 1-7

序号	危险点	控制措施
3	着装不合格	（1）要穿合适的工作服，衣服和袖口必须扣好。 （2）戴好安全帽，穿戴好本岗位的其他防护用品
4	人身触电	（1）发现设备动力线缆磨损、线头裸露应远离并及时通知相关专业人员处理。 （2）操作电动颚式阀开关时，要防止触电。 （3）下雨天及湿手严禁触摸电气设备
5	滑跌碰	（1）行走时、作业时注意力要集中。 （2）及时清理地面油污。 （3）上下楼梯、爬梯应扶好扶手，防止摔伤。 （4）操作阀门时，在凳子上要扶好站稳，防止摔伤
6	设备泄漏	（1）对管道的焊点、阀门法兰接口要进行仔细检查，发现有泄漏及时联系有关人员处理。 （2）按要求对槽罐区进行巡回检查，发现问题及时联系处理。 （3）发现管道泄漏时，不能原地仰望
7	碱液烧伤	（1）操作阀门时，要侧对阀门丝杆或考克芯子，防止刺料伤人。 （2）进入生产现场必需带好防护眼镜。 （3）停送料操作时，要穿戴好防护用品，需 2 人配合操作。 （4）地沟盖板要齐全盖好，防止摔入地沟。 （5）进入槽罐清理检修时要先清除罐内余料，所有进料控制阀必须关死并挂警示牌，罐外必须安排专人监护。 （6）进入槽罐检修时必需使用 12V 安全照明
8	机械伤害	（1）禁止跨越运行设备。 （2）清理设备卫生时不要触碰转动部位。 （3）设备的安全防护罩必须齐全可靠

续表 1-7

序号	危险点	控制措施
9	高处坠落	(1) 禁止靠近槽罐顶部边缘。 (2) 发现槽罐边缘围栏损坏及时报缺陷处理。 (3) 高处作业时必须系好安全带。 (4) 在操作平台上开关阀门时，用力不能过猛，防止摔伤
10	物料垮塌	(1) 洗涤沉降槽内部积料清理前，确认内部积料情况，及时处理松散物料，防止物料垮塌掩埋。 (2) 槽内积料清理遵循自上而下的原则，严禁使用打洞的方式挖掘清理

第八节　分解车间危险点分析及控制措施

分解车间危险点分析及控制措施见表 1-8。

表 1-8　分解车间危险点分析及控制措施

序号	危险点	控制措施
1	人员思想状态不稳	(1) 保持思想稳定，不能掺带个人情绪进行工作。 (2) 要集中精力，工作过程中不能有私心杂念
2	人员精神状态不佳	(1) 上岗工作前不能饮酒。 (2) 休息充足，保持良好的精神状态。 (3) 不带病参加工作
3	着装不合格	(1) 要穿合适的工作服，衣服和袖口必须扣好。 (2) 戴好安全帽，穿戴好本岗位的其他防护用品
4	人身触电	(1) 发现设备动力线缆磨损、线头裸露应远离并及时通知相关专业人员处理。 (2) 操作电动颚式阀开关时，要防止触电。 (3) 下雨天及湿手严禁触摸电气设备

续表 1-8

序号	危险点	控制措施
5	滑跌碰	（1）行走时、作业时注意力要集中。 （2）及时清理地面油污。 （3）上下楼梯、爬梯应扶好扶手，防止摔伤。 （4）操作阀门时，在凳子上要扶好站稳，防止摔伤
6	设备泄漏	（1）对管道的焊点、阀门法兰接口要进行仔细检查，发现有泄漏及时联系有关人员处理。 （2）按要求对槽罐区进行巡回检查，发现问题及时联系处理。 （3）发现管道泄漏时，不能原地仰望
7	碱液烧伤	（1）操作阀门时，要侧对阀门丝杆或考克芯子，防止刺料伤人。 （2）进入生产现场必需带好防护眼镜。 （3）停送料操作时，要穿戴好防护用品，需两人配合操作。 （4）地沟盖板要齐全盖好，防止摔入地沟。 （5）进入槽罐清理检修时要先清除罐内余料，所有进料控制阀必须关死并挂警示牌，罐外必须安排专人监护。 （6）进入槽罐检修时必须使用 12V 安全照明
8	机械伤害	（1）禁止跨越运行设备。 （2）清理设备卫生时不要触碰转动部位。 （3）设备的安全防护罩必须齐全可靠
9	高处坠落	（1）禁止靠近槽罐顶部边缘。 （2）发现槽罐边缘围栏损坏及时报缺陷处理。 （3）高处作业时必须系好安全带。 （4）在操作平台上开关阀门时，用力不能过猛，防止摔伤

续表 1-8

序号	危险点	控制措施
10	药剂烧伤	向循环水加药时，缓慢操作，防止药剂灼伤
11	气体中毒窒息	（1）进入碳分区域巡检及检修随身携带 CO 检测仪随时检测环境中 CO 浓度，报警立即撤离现场。 （2）碳分槽内部检修作业必须将 CO_2 进口管道可靠隔绝，槽内置换检测合格后方可进行作业。 （3）有限空间作业设专人监护，且其不得从事其他作业

第九节　蒸发区域危险点分析及控制措施

蒸发区域危险点分析及控制措施见表 1-9。

表 1-9　蒸发区域危险点分析及控制措施

序号	危险点	控制措施
1	人员思想状态不稳	（1）保持思想稳定，不能掺带个人情绪进行工作。 （2）要集中精力，工作过程中不能有私心杂念
2	人员精神状态不佳	（1）上岗工作前不能饮酒。 （2）休息充足，保持良好的精神状态。 （3）不带病参加工作
3	着装不合格	（1）要穿合适的工作服，衣服和袖口必须扣好。 （2）戴好安全帽，穿戴好本岗位的其他防护用品
4	人身触电	（1）发现设备动力线缆磨损、线头裸露应远离并及时通知相关专业人员处理。 （2）操作电动颚式阀开关时，要防止触电。 （3）下雨天及湿手严禁触摸电气设备

续表 1-9

序号	危险点	控制措施
5	滑跌碰	(1) 行走时、作业时注意力要集中。 (2) 及时清理地面油污。 (3) 上下楼梯、爬梯应扶好扶手，防止摔伤。 (4) 操作阀门时，在凳子上要扶好站稳，防止摔伤
6	设备泄漏	(1) 对管道的焊点、阀门法兰接口要进行仔细检查，发现有泄漏及时联系有关人员处理。 (2) 按要求对槽罐区进行巡回检查，发现问题及时联系处理。 (3) 发现管道泄漏时，不能原地仰望
7	碱液烧伤	(1) 操作阀门时，要侧对阀门丝杆或考克芯子，防止刺料伤人。 (2) 进入生产现场必须戴好防护眼镜。 (3) 停送料操作时，要穿戴好防护用品，需两人配合操作。 (4) 地沟盖板要齐全盖好，防止摔入地沟。 (5) 进入槽罐清理检修时要先清除罐内余料，所有进料控制阀必须关死并挂警示牌，罐外必须安排专人监护。 (6) 进入槽罐检修时必须使用 12V 安全照明
8	烫伤	(1) 操作、检查时，注意不要触碰高温部位。 (2) 现场查看液位时，使用工具打开天窗，严禁正对窗口
9	机械伤害	(1) 禁止跨越运行设备。 (2) 清理设备卫生时不要触碰转动部位。 (3) 设备的安全防护罩必须齐全可靠

续表 1-9

序号	危险点	控制措施
10	高处坠落	（1）禁止靠近槽罐顶部边缘。 （2）发现槽罐边缘围栏损坏及时报缺陷处理。 （3）高处作业时必需系好安全带。 （4）在操作平台上开关阀门时，用力不能过猛，防止摔伤
11	目镜炸裂	（1）现场观察液位时必须佩戴好劳保眼镜。 （2）侧对目镜观察，发现目镜有裂纹及有结疤无法观察及时报缺陷处理。 （3）使用蒸汽压力不能超过蒸发器设计压力
12	药剂烧伤	向循环水加药时，缓慢操作，防止药剂灼伤
13	爆炸	（1）酸洗现场禁止烟火。 （2）酸洗温度必须低于60℃。 （3）酸洗期间严禁动火作业

第十节　检修车间危险点分析及控制措施

检修车间危险点分析及控制措施如下：

物体打击危险点分析及控制措施见表 1-10。

表 1-10　物体打击危险点分析及控制措施

序号	危险点	控制措施
1	高处坠落物品伤人	严禁高处抛扔各类物品，防止坠物伤人
2	放置零件时倾斜造成砸伤	摆放工件时要放稳

续表 1-10

序号	危险点	控制措施
3	锤柄飞出	使用大锤校正工件时，锤柄应安装牢固，施锤时严禁戴手套操作
4	使用角磨机时防护用具穿戴不当	使用角磨机时检查角磨机防护罩应当安全牢固，角磨片应无裂纹，戴好防护眼镜
5	使用大锤、手锤、扁铲去物料飞溅造成伤害	防护用品穿戴合格
6	设备对轮防护罩安装不规范，对轮部件飞出伤人	检查现场对轮防护罩安全可靠
7	现场小型吊装设备零部件捆绑不牢造成坠落砸伤	起重作业持证上岗，选用合格钢丝绳，捆绑牢靠
8	运转检修材料时造成坠物伤害	检修材料、备品备件不准乱扔乱放，要及时或摆放在不影响操作与交通的地方，堆放要牢固、整齐，其高度不应超过 1m
9	现场转动设备零件松动造成物体打击	做好日常点检工作以及维修工作

车辆伤害危险点分析及控制措施见表1-11。

表1-11　车辆伤害危险点分析及控制措施

序号	危险点	控制措施
1	电动车侧翻	严禁超速违规驾驶，严禁高速倒车掉头
2	超速驾驶	厂区内严禁超过15km驾驶
3	载人驾驶	电动三轮车严禁载人驾驶
4	车辆超期运行	电动三轮车每年由车间指定专人进行检查
5	同车运输氧气、乙炔	严禁同车运输氧气、乙炔瓶包括空瓶
6	超载、超高运输	运输货物前确认货物重量，严禁超载运输，严禁运输超过车身一倍及以上高度的物品
7	厂外机动车进入厂区违章运输	凡进入氧化铝区域的机动车辆必须经过安环部备案，由备案驾驶员驾驶
8	驾驶工艺车队车辆	车间内未取得厂内机动车驾驶证的人员严禁驾驶工艺车队车辆
9	电动三轮车随意驾驶	电动三轮车必须由车间备案驾驶员驾驶，其他人员严禁驾驶

机械伤害危险点分析及控制措施见表1-12。

表1-12 机械伤害危险点分析及控制措施

序号	危险点	控制措施
1	操作者失误造成伤害	严格按操作规程作业，合理使用工具
2	现场转动连接部位无防护罩	检查现场转动设备连接部位的防护罩是否齐全，安装是否牢固可靠
3	违反操作规程造成机械伤害	按操作规程操作
4	电气开关失灵，发生伤害	经常检查电动工器具电路系统，定期校验
5	传动装置失灵造成伤害	经常检查传动装置
6	未使用专用工装器具，造成机械伤害	使用专用工装器具
7	安全防护装置不齐全造成机械伤害	经常检查安全防护装置，确保无隐患存在

续表 1-12

序号	危险点	控制措施
8	不按规定操作	严格执行检修作业规程，杜绝野蛮作业
9	砂轮机片安装不规范、不牢固造成机械伤害	使用与砂轮机转速相匹配的砂轮片，确认砂轮机防护装置完好
10	砂轮机无托架	使用手据、砂轮切割机切割工件、管料、棒料、角铁时，用力不可过猛；临近切断时，用手扶住或用支架托住；夹紧装置应夹紧，锯条应无裂纹，砂轮切割片应完好，机身无激烈震动，操作时应站在侧面
11	多人操作配合不当	现场转动设备检修多人作业时，应由一人指挥，其余人密切配合
12	擦拭转动设备时戴手套	擦拭转动设备时严禁戴手套操作
13	高速铁屑飞溅造成伤害	检查防护装置要齐全，操作者戴防护眼镜
14	虎钳夹工件不牢靠造成伤害	确保虎钳的牢靠性，按操作规程操作
15	防护用具穿戴不当	操作人员在工作中应按规定穿戴防护用品，扎紧袖口

续表 1-12

序号	危险点	控制措施
16	安全装置损坏、失灵	启动前应检查行程限位、信号等安全装置是否完整、灵敏、可靠
17	砂轮破损伤人	使用前检查砂轮片有无破损裂纹

起重伤害危险点分析及控制措施见表 1-13。

表 1-13 起重伤害危险点分析及控制措施

序号	危险点	控制措施
1	钢丝绳磨损、超标断裂	钢丝绳磨损，断丝不准超过规定值
2	起重设备吊装物件时钢丝绳断裂	使用起重设备（天车、电葫芦等）必须严格遵守起重作业的有关规定，钢丝绳必须经常检查，定期更换
3	卷扬机失灵造成起重伤害	经常检查设备各系统，确保无隐患存在
4	行车吊物不稳	动行中，吊物应平稳，不准摇晃摆动，按照操作规程吊运
5	吊物超重	低速度吊动满载荷或接近满载荷重物时，应先将重物吊起离地面 200~500mm，检查起重机的稳定性和制动器的可靠性、重物的平稳性、绑扎的牢固性，确认无误后方可缓慢起吊
6	工作现场周围环境乱	作业前，必须对工作现场周围环境、行驶路线、架空线路、建筑物分布进行全面了解

续表 1-13

序号	危险点	控制措施
7	斜拉、歪吊造成机械伤害	按照行车吊运操作规程吊运
8	操作失误造成伤害	操作人员及指挥人员持证上岗
9	钩头磨损造成伤害	经常检查钩头
10	吊物时站在工件下方	使用合格的吊锁具；作业前，必须对工作现场周围的环境、设备进行全面了解，严禁在工件下方停留、站立
11	吊装工件时倾斜造成起重伤害	吊装时一定要放稳扶好，绑牢物件
12	与天车配合不当造成伤害	起重指挥持证上岗，按操作规程作业，配合得当
13	吊物上面站人	严格按操作规程操作

触电危险点分析及控制措施见表 1-14。

表 1-14 触电危险点分析及控制措施

序号	危险点	控制措施
1	电器设备路线短路	电器设备、设施必须有良好的接地（零）装置，导电部位应保持干净，导电良好，正负极保持一定距离，并有一定的措施防止短路

续表 1-14

序号	危险点	控制措施
2	电源开关漏电造成触电	经常检查电器设施
3	接地线外露	电气设施及线路应绝缘良好，接地（零）保护可靠；工作中电器发生故障时，应及时请电工修理，不要自己乱动
4	湿手开关电气设备	严禁湿手开关电气
5	未穿绝缘鞋造成伤害	操作人员必须穿戴好劳保护具，才能作业
6	手电动工具，防护装置失灵	使用手持电动工具时，插头、插座应当匹配，电缆绝缘应良好，使用电动一类工具时，应加装漏电保护器
7	设备电器线路松动、老化	电器设备的金属外壳应采用接地或接零保护，启动前应检查电气开关、接地接零均良好
8	焊机接地线松动漏电	焊机的接地（零）装置必须保持连接良好的状态，定期检测
9	焊机电路线绝缘老化漏电造成触电	经常检查电路各系统，确保安全
10	焊把损坏造成触电	经常检查焊把，发现问题及时更换

续表 1-14

序号	危险点	控制措施
11	临时电源接线不规范	临时取电作业必须在专用检修电源箱接线，电源线走检修电源箱穿线孔
12	架设临时线路无人监护，无良好接地措施	架设临时线路需有人监护，做好接地措施，防止设备漏电造成触电事故

烫伤危险点分析及控制措施见表 1-15。

表 1-15　烫伤危险点分析及控制措施

序号	危险点	控制措施
1	火焰喷出伤人	气割作业时穿戴好防护眼镜，割把点火时火源在气体喷出方向的侧面
2	电焊作业监护不到位着火伤人	作业现场配备齐全灭火设施，设备专人现场监护
3	防护用品穿戴不规范造成伤害	进入含酸碱生产作业现场作业时，穿戴好防酸碱防护用品
4	滑入现场地沟烧伤	进入现场确认地沟盖板完好，缺少的及时补全，进入泥料较多现场必须穿戴耐酸碱雨鞋
5	拆卸蒸汽、酸、碱、高温物料管道刺料伤人	拆卸管道螺栓前确认管道内物料已排完，压力已排空，拆除螺栓时先拆背对人员一侧，松开部分螺栓后，用撬棍撬动法兰确认无物料或蒸汽，再进行拆除。穿戴好防护眼镜，严禁人员正对法兰

续表 1–15

序号	危险点	控制措施
6	操作者使用焊接工具不当	使用电、气焊作业时，必须由持证焊接工操作焊具和割具
7	砂轮打磨零件不戴防护镜，造成灼烫	打磨零件时佩戴防护镜
8	接触高温物体烫伤	穿戴合格防护用品，明确现场高温部位
9	氧气、乙炔带老化回火破损烧伤	气焊作业前检查好气带是否老化破损，各链接处固定牢固，作业时穿戴好劳动防护用品
10	电焊产生火花造成灼烫	穿戴好防护用品，按操作规程作业

火灾危险点分析及控制措施见表 1–16。

表 1–16 火灾危险点分析及控制措施

序号	危险点	控制措施
1	工作时操作不当	按操作规程进行作业，严格执行动火作业工作票
2	煤气管道泄露引起火灾	检查管道、阀门、防爆膜确保安全可靠

续表 1-16

序号	危险点	控制措施
3	煤气站区域动火作业	严格执行动火作业管理制度
4	作业使用易燃易爆清洗剂造成火灾	合理使用易燃易爆物品，严格控制存储量
5	加热作业时操作不当发生火灾	按规程操作，合理使用
6	焊接场区有易燃物品	焊接、切割工作地点 10m 以内禁止存放易燃易爆物品
7	氧气、乙炔气管老化	使用前，应检查胶管有无磨损、扎伤、刺孔、老化、裂纹等情况，如有应及时修理或更换
8	气瓶安全装置不齐	定期检查和校验压力表、安全阀的准确性
9	气割下料有易燃物品在现场	作业时，清理作业场所的易燃易爆物品
10	割枪故障串气造成爆炸，引起火灾	检查割枪，确保无故障
11	气瓶安全装置不齐或未用造成爆炸火灾	经常检查安全装置，作业现场氧气、乙炔气瓶距离不小于 8m，距离动火作业点距离不小于 10m，并设有防倾倒装置

续表 1-16

序号	危险点	控 制 措 施
12	电器短路造成火灾	电器不使用时要及时断电
13	变配电设备过热，易发生火灾事故	定期做好配电设备测温及维修工作

高处坠落危险点分析及控制措施见表 1-17。

表 1-17 高处坠落危险点分析及控制措施

序号	危险点	控 制 措 施
1	高空作业未穿防滑鞋	搭拆脚手架作业，作业人员必须穿软底防滑鞋
2	作业平台、防护栏不牢固或缺少防护栏	加固作业平台，增设防护栏；严禁倚靠防护围栏
3	高空作业未将安全带佩戴在牢固位置	正确穿戴安全带，做到高挂低用，将安全带背带绳悬挂在牢靠的构件上
4	使用不合格脚手架	严格执行脚手架管理办法，把好验收关，杜绝不合格脚手架投入使用
5	上下爬梯及脚手失足滑跌	上下爬梯严禁携带工器具，双手把牢爬梯

续表 1-17

序号	危险点	控制措施
6	二米以上直梯登高无防护笼容易发生高处坠落	增设防护笼

容器爆炸危险点分析及控制措施见表 1-18。

表 1-18　容器爆炸危险点分析及控制措施

序号	危险点	控制措施
1	气瓶在烈日下暴晒导致气瓶内压力升高爆炸	按照气瓶的存储规范存储气瓶，避免暴晒
2	气瓶倒冲击导致爆炸	严禁野蛮装卸气瓶及使用其他物体敲击气瓶
3	气瓶接触高温物体导致爆炸	作业现场明确高温部位，严禁将气瓶置于高温区域
4	煤气炉夹套缺水，盲目补水，发生夹套爆炸	煤气炉夹套缺水时严禁盲目补水，确认夹套缺水情况以确定是否补水，少量缺水可直接补水，大量缺水或无水时严禁补水
5	安全阀失效导致超压运行	避免操作失误、超负荷运行，做好安全阀定期效验工作，检测压力容器仪表，杜绝失真现象

其他爆炸危险点分析及控制措施见表1-19。

表1-19 其他爆炸危险点分析及控制措施

序号	危险点	控制措施
1	焦油池顶部动火作业	严格执行动火作业工作票，做好焦油池口密封工作，避免火花进入煤焦油池
2	煤气系统设备动火作业	（1）严格执行动火作业工作票，做好气体置换工作，气体检测合格后方可执行动火 （2）严禁使用煤气设备作为焊机的二次接地线
3	煤粉制备系统设备动火作业	确认设备内煤粉已清理完毕，对作业现场进行煤粉浓度检测合格后方可开工
4	焊接场区有易燃易爆物品	焊接、切割工作地点10m以内禁止存放易燃易爆物品
5	氧气、乙炔气管老化	使用前，应检查胶管有无磨损、扎伤、刺孔、老化、裂纹等情况，如有应及时修理或更换
6	气瓶安全装置不齐	定期检查和校验压力表、安全阀的准确性
7	割枪故障串气造成爆炸	检查割枪确保无故障
8	气瓶安全装置不齐或未用造成爆炸	经常检查安全装置，作业现场氧气乙炔气瓶距离不小于8m，距离动火作业点距离不小于10m，并设有防倾倒装置

中毒和窒息危险点分析及控制措施见表1-20。

表1-20　中毒和窒息危险点分析及控制措施

序号	危险点	控制措施
1	焊接时产生有毒气体	工作场地必须保持空气流通，排除有毒气有害物质，工作中一旦通风除尘装置失效，应立即停止作业。
2	乙炔管老化漏气发生中毒	经常检查各管道，确保安全
3	密闭或半封闭空间内电焊、气割作业中毒	作业前加装通风设施，作业过程有不间断的送风装置
4	进入煤气区域未佩戴检测仪	进入煤气区域必须佩戴检测仪，并严格执行门禁制度
5	人员煤气中毒、窒息盲目进行抢救	发现人员煤气中毒、窒息，首先检测周围CO浓度及氧气浓度，佩戴好正压式空气呼吸器进行抢救
6	煤气设备检修单人作业	严禁单人作业
7	煤气炉检修设备隔绝不严	工作开始前确认各项安全措施已全部安全可靠，并随身携带CO检测仪

续表 1-20

序号	危险点	控制措施
8	煤气设备检修置换不彻底	作业前做好各项安全防护措施，做好 CO 检查工作，检查合格后方可开工作业
9	氮气保护设备内部检修作业置换不彻底、设备隔绝不严	进入设备执行受限空间作业管理规定，做好气体检测，避免氮气窒息
10	氮气系统泄漏	严禁盲目抢修，进入现场必须佩戴正压式空气呼吸器
11	进入污水井、阀门井空气不流通缺氧窒息	进入空间前先检查氧气浓度，进入空间后必须保持通风状态
12	进入蒸汽冷凝水箱内部作业	进入作业前做好通风工作，做好氧气浓度检测，检测合格后方可进入
13	进入单一人孔容器内部作业	严格检测氧气浓度，机械通风点选择容器底部

电离辐射危险点分析及控制措施见表 1-21。

表 1-21 电离辐射危险点分析及控制措施

序号	危险点	控制措施
1	核密度计盛装盒破损	远处观察，明确检修作业现场核密度计放射方向，避开放射性方向，汇报相关领导及部门

续表 1-21

序号	危险点	控制措施
2	进入1、2、3闪蒸器内作业	联系专业人员关闭核密度计，并检测容器内辐射量，确认在安全范围之内
3	核密度计附近检修作业	确认检修作业现场核密度计放射方向，避开放射性方向，缩短检修作业时间，有条件的将设备移至其他地点进行检修
4	长时间辐射范围作业	随身携带个人辐射剂量仪，定期检测接受核辐射量

其他伤害危险点分析及控制措施见表1-22。

表1-22 其他伤害危险点分析及控制措施

序号	危险点	控制措施
1	检修作业现场杂乱	规范检修作业现场，工器具材料定制化摆放，工完料净场地清
2	检修现场物料湿滑	及时治理现场设备泡冒滴漏现象，检修作业时及时处理现场积料，注意滑跌
3	工器具伤害	杜绝现场野蛮作业，正确使用工器具
4	冬季路面结冰	行走时注意路面结冰滑跌

第二章

电解分厂危险点分析及控制措施

第一节　电解车间危险点分析及控制措施

电解车间危险点分析及控制措施如下：

取电解质、取铝样、捞碳渣等作业的危险点分析及控制措施见表 2–1。

表 2–1　取电解质、取铝样、捞碳渣等作业的危险点分析及控制措施

序号	危险点	控制措施
1	人员思想状况不稳	工作班（组）长或工作负责人要和言行、情绪表现非正常状况的人员进行沟通、谈心，帮助其消除或平息思想上的不正常波动，使其保持良好的工作心态，否则该人员不能入生产现场参加生产作业
2	人员精神状态不佳	工作班（组）长或工作负责人要观察、了解人员精神状态，对酒后上班、睡眠不足、过度疲劳、健康欠佳等人员严禁其进入工作现场
3	误操作	（1）严格按照操作规程进行操作。 （2）设备发生故障或出现异常情况时需确认不影响操作后再进行作业，严禁冒险作业
4	使用潮湿工具及物料易发生爆炸	（1）工具、物料检查确认是否干燥，并进行预热后方可使用。 （2）严禁将有水的器皿放置到电解槽周围

续表 2-1

序号	危险点	控制措施
5	作业时若发生高温液体飞溅，容易导致烫、烧伤	(1) 穿戴好劳保用品。 (2) 工具、物料检查确认干燥后方可使用。 (3) 检查作业洞口、炭渣箱、模具等是否合适。 (4) 倒换、移动电解质时要平稳。 (5) 严禁站在槽沿板上作业
6	工艺车辆距离过近要小心发生撞伤	(1) 注意躲避周边的工艺车辆。 (2) 工器具要及时归位，放置整齐，严禁放置到工艺车辆经过的通道上
7	吸入粉尘	进入生产现场，需正确佩戴口罩

更换阳极作业危险点分析及控制措施见表 2-2。

表 2-2 更换阳极作业危险点分析及控制措施

序号	危险点	控制措施
1	人员思想状况不稳	工作班（组）长或工作负责人要和言行、情绪表现非正常状况的人员进行沟通、谈心，帮助其消除或平息思想上的不正常波动，使其保持良好的工作心态，否则该人员不能入生产现场参加生产作业
2	人员精神状态不佳	工作班（组）长或工作负责人要观察、了解人员精神状态，对酒后上班、睡眠不足、过度疲劳、健康欠佳等人员严禁其进入工作现场
3	起重伤害	(1) 天车动作要尽量小，做到多动少量。 (2) 正常作业时人员与天车保持安全距离，严禁天车拔、放阳极及打壳时人员紧挨作业点；严禁吊运抬包等重物时有人站在吊物下方。 (3) 地面运行人员与天车工做好信号沟通。 (4) 天车工上车前、下车后必须做好天车零部件等设施的检查，有安全隐患时严禁使用天车

续表 2-2

序号	危险点	控制措施
4	误操作	（1）严格按照操作规程进行操作。 （2）设备发生故障或出现异常情况时需确认不影响操作后再进行作业，严禁冒险作业。 （3）严禁不与计算机联机就更换阳极
5	使用潮湿工具及物料易发生爆炸	（1）工具、物料检查确认干燥后方可使用。 （2）严禁将有水的器皿放置到电解槽周围
6	勾块时面对高温，时间过长会导致烫、烧伤	（1）穿戴好劳保用品。 （2）工具、物料检查确认干燥后方可使用。 （3）勾块时动作要轻，要两人互相配合。 （4）严禁两只脚同时站在槽沿板上作业
7	换极画线时容易烫伤或压伤	（1）穿戴好劳保用品。 （2）严禁将脚伸在阳极下面。 （3）装好极画线时必须观察卡具是否卡紧
8	作业中使用铁制工具导致槽与槽、槽与母线搭接发生触电事故	（1）工器具要及时归位，摆放整齐，禁止与母线、槽壳接触。 （2）严禁将铁制废工具及物料丢弃至风格板下。 （3）严禁工器具与墙体搭接
9	作业时若发生阳极脱落、电解质飞溅会导致砸伤或烫伤	（1）穿戴好劳保用品。 （2）严禁两只脚同时站在槽沿板上作业。 （3）检查好新极质量，避免阳极松动严重脱落。 （4）新极入槽时天车要避免碰撞立柱母线，残极、新极进出槽不准倾斜较多，动作幅度小

续表 2-2

序号	危险点	控制措施
10	作业时若发生阳极效应会导致母线打火伤人	（1）穿戴好劳保用品。 （2）严禁两只脚同时站在槽沿板上作业。 （3）应先熄灭效应，等效应消除后再放置阳极
11	换极时衣服易着火，处理不当会发生烧伤危险	作业人员要互相配合、照顾，若发生劳保用品着火时要及时扑救，严禁使用水扑灭
12	多人配合作业容易发生意外伤害	（1）穿戴好劳保用品。 （2）严禁两只脚同时站在槽沿板上作业。 （3）作业人员要互相配合。 （4）疲劳、带病、情绪不佳严禁上岗作业。 （5）执行好“四不伤害原则”
13	做保温时电解质飞溅伤人	（1）穿戴好劳保用品。 （2）严禁脚踩阳极、钢爪、壳面作业。 （3）封堵时先封边缝，再封极缝，最后封中缝
14	更换阳极时，工人释放大量的汗水散热，对工人身体是一种潜在的危害	（1）保证有充足的饮用水。 （2）严禁出汗期间在窗户或通风处吹风
15	吸入粉尘	进入生产现场，需正确佩戴口罩

出铝作业危险点分析及控制措施见表 2-3。

表 2-3 出铝作业危险点分析及控制措施

序号	危险点	控制措施
1	人员思想状况不稳	工作班（组）长或工作负责人要和言行、情绪表现非正常状况的人员进行沟通、谈心，帮助其消除或平息思想上的不正常波动，使其保持良好的工作心态，否则该人员不能入生产现场参加生产作业
2	人员精神状态不佳	工作班（组）长或工作负责人要观察、了解人员精神状态，对酒后上班、睡眠不足、过度疲劳、健康欠佳等人员严禁其进入工作现场
3	整理出铝洞口时发生电解质飞溅伤害	（1）穿戴好劳保用品。 （2）工具进行预热，检查确认干燥后方可使用。 （3）整理出铝洞口要多次少量捶打，禁止使用蛮力。 （4）封出铝洞口时保证物料干燥、大小合理防止迸溅电解质
4	抬包移动碰撞伤害	（1）天车动作要尽量小，做到多动少量。 （2）正常作业时人员与天车保持安全距离，严禁作业人员吊运抬包等重物时站在天车下方。 （3）地面运行人员与天车工做好信号沟通。 （4）天车工上车前、下车后必须做好天车零部件等设施的检查，有安全隐患时严禁使用天车。 （5）天车移动过程中包管离地面要求在 30cm 以下
5	误操作	（1）严格按照操作规程进行操作。 （2）设备发生故障或出现异常情况时需确认不影响操作后再进行作业，严禁冒险作业
6	风管脱开反弹伤害	（1）注意风管快速接头安装是否牢固。 （2）严禁将使用中的风管扭曲、打结、漏风
7	吸入粉尘	进入生产现场，需正确佩戴口罩

触电伤害危险点分析及控制措施见表2-4。

表2-4 触电伤害危险点分析及控制措施

序号	危险点	控制措施
1	人员思想状况不稳	工作班（组）长或工作负责人要和言行、情绪表现非正常状况的人员进行沟通、谈心，帮助其消除或平息思想上的不正常波动，使其保持良好的工作心态，否则该人员不能入生产现场参加生产作业
2	人员精神状态不佳	工作班（组）长或工作负责人要观察、了解人员精神状态，对酒后上班、睡眠不足、过度疲劳、健康欠佳等人员严禁其进入工作现场
3	厂房绝缘不足易发生触电危险	（1）穿戴好劳保用品。 （2）工具、物料检查确认干燥后方可使用。 （3）工器具要及时归位，摆放整齐，禁止与母线、槽壳接触。 （4）严禁将铁制废工具及物料丢弃至风格板下。 （3）严禁工器具与墙体搭接
4	作业工具全部是导体会产生搭接触电	（1）穿戴好劳保用品。 （2）工具、物料检查确认干燥后方可使用。 （3）工器具要及时归位，摆放整齐，禁止与母线、风格板、槽壳接触。 （4）严禁将铁制废工具及物料丢弃至风格板下
5	误操作	（1）严格按照操作规程进行操作。 （2）设备发生故障或出现异常情况时需确认不影响操作后再进行作业，严禁冒险作业。 （3）严禁私拉乱接临时电源，导线要用水线，无裸露，摆放要规范。 （4）电动工器具要有检验合格证，绝缘良好。 （5）工器具要接有漏电保护器，使用人员要戴绝缘手套

抬母线作业危险点分析及控制措施见表2-5。

表2-5 抬母线作业危险点分析及控制措施

序号	危险点	控制措施
1	人员思想状况不稳	工作班（组）长或工作负责人要和言行、情绪表现非正常状况的人员进行沟通、谈心，帮助其消除或平息思想上的不正常波动，使其保持良好的工作心态，否则该人员不能入生产现场参加生产作业
2	人员精神状态不佳	工作班（组）长或工作负责人要观察、了解人员精神状态，对酒后上班、睡眠不足、过度疲劳、健康欠佳等人员严禁其进入工作现场
3	松紧卡具时，扳手脱出卡具，跌落摔伤	松紧卡具时，一手拿卡具扳手，一手按住套卡具的扣
4	挂母线框架时，跌落摔伤	（1）挂框架时，注意落脚点。 （2）起吊母线框架要进行上下30cm往返动作3次，确认无异常后进行操作
5	紧卡具时，出现导杆与水平母线打火，烧烫伤	（1）穿戴好劳保用品（面罩），防止火花烫伤眼睛。 （2）出现打火时，及时进行卡具松动作业。 （3）做好母线与导杆之间的清灰工作
6	熄灭效应时，电解质喷出烫伤	（1）穿戴好劳保用品（面罩），防止高温电解质烫伤。 （2）熄灭效应时人侧身站立，不准正对洞口
7	吸入粉尘	进入生产现场，需正确佩戴口罩

第二节　阳极组装车间危险点分析及控制措施

阳极组装车间危险点分析及控制措施如下：

中频炉区域危险点分析及控制措施见表 2-6。

表 2-6　中频炉区域危险点分析及控制措施

序号	危险点	控制措施
1	人员思想状况不稳	工作班（组）长或工作负责人要和言行、情绪表现非正常状况的人员进行沟通、谈心，帮助其消除或平息思想上的不正常波动，使其保持良好的工作心态，否则该人员不能进入生产现场参加生产作业
2	人员精神状态不佳	工作班（组）长或工作负责人要观察、了解人员精神状态，对酒后上班、睡眠不足、过度疲劳、健康欠佳等人员严禁其进入工作现场
3	误操作	（1）严格按照操作规程进行操作。 （2）设备发生故障或出现异常情况时严禁冒险作业
4	在中频炉加料、打渣时易发生铁水飞溅导致烧伤；加入湿料、中空料时可能导致爆炸	（1）严格按照操作规程进行操作。 （2）穿戴好劳保用品。 （3）加料时先预热
5	加料、打渣时中频炉未断电，瞬时电流过大导致人员触电	加料、打渣时先断电

续表 2-6

序号	危险点	控制措施
6	中频炉发生漏炉时，产生巨大的爆炸效应，导致人身伤亡	（1）加强水温、水压巡查，发现异常及时汇报并处理。 （2）人员迅速疏散
7	打渣时渣瓢未烘干，导致铁水烫伤、爆炸	（1）穿戴好劳保用品。 （2）工具、物料检查确认干燥后方可使用
8	中频炉炉体外循环水管路漏水，导致人员触电	加强水温、水压巡查，发现异常及时汇报并处理
9	中频炉电源柜内循环水管路漏水，导致人员触电、火灾	加强水温、水压巡查，发现异常及时汇报并处理
10	设备产生的噪音及粉尘的吸入，导致职业病	（1）严格按照操作规程进行操作。 （2）穿戴好劳保用品
11	电源柜电气元件发热，导致人员触电、火灾	（1）严格按照操作规程进行操作。 （2）加强设备巡查，发现异常及时汇报并处理
12	倾炉机构油缸、管路、液压站漏油，导致火灾	加强设备巡查，发现异常及时汇报并处理
13	工艺车辆高速行驶，撞伤行人	（1）车辆减速慢行，遇人鸣笛警示。 （2）驾驶员严格遵守厂内机动车操作规程。 （3）作业人员注意观察特种车辆的作业状态，发现违章及时制止

人工浇铸区域危险点分析及控制措施见表2-7。

表2-7 人工浇铸区域危险点分析及控制措施

序号	危险点	控制措施
1	人员思想状况不稳	工作班（组）长或工作负责人要和言行、情绪表现非正常状况的人员进行沟通、谈心，帮助其消除或平息思想上的不正常波动，使其保持良好的工作心态，否则该人员不能进入生产现场参加生产作业
2	人员精神状态不佳	工作班（组）长或工作负责人要观察、了解人员精神状态，对酒后上班、睡眠不足、过度疲劳、健康欠佳等人员严禁其进入工作现场
3	浇铸天车抱闸失灵、钢丝绳断裂，导致落物伤人	（1）天车动作要尽量小，做到多动少量。 （2）正常作业时人员与天车保持安全距离，严禁浇注时人员紧挨作业点；严禁吊运铁水包等重物时人员站在天车下方。 （3）地面运行人员与天车工做好信号沟通工作。 （4）天车工上车前、下车后必须做好天车零部件等设施的检查，有安全隐患时严禁使用天车
4	误操作	（1）严格按照操作规程进行操作。 （2）设备发生故障或出现异常情况时严禁冒险作业
5	浇注时炭块潮湿或有水，易发生爆炸；铁水飞溅导致烧、烫伤	（1）穿戴好劳保用品。 （2）工具、炭块检查确认干燥后方可使用
6	铁水爆入石墨槽中，发生火灾	（1）穿戴好劳保用品。 （2）严格按照操作规程进行操作

续表 2-7

序号	危险点	控制措施
7	清理浇包包嘴及铁渣时，高温导致烧、烫伤	（1）穿戴好劳保用品。 （2）严格按照操作规程进行操作
8	铁水吊运过程中，铁水装包过满，铁水飞溅，导致人员烧、烫伤	（1）穿戴好劳保用品。 （2）严格按照操作规程进行操作。 （3）装包铁水按标准装运，严禁溢包
9	工器具乱放，叉车碾压导致弹起伤人	（1）工器具要及时归位，摆放整齐。 （2）叉车按指定路线行车
10	导杆堆放时未摆放好，导致倒落伤人	（1）导杆按标准码放。 （2）人员远离导杆放置不当车间。 （3）叉车必须将导杆放置稳妥后方可撤车
11	叉车作业配合不当，导杆插翻，倒落伤人	（1）导杆按标准码放。 （2）人员远离导杆放置不当车间。 （3）叉车必须将导杆放置稳妥后方可撤车。 （4）叉车叉运导杆遵循稳步、高效原则，与运行人员做好沟通配合工作，严禁野蛮操作

自动浇铸站区域危险点分析及控制措施见表 2-8。

表 2-8 自动浇铸站区域危险点分析及控制措施

序号	危险点	控制措施
1	人员思想状况不稳	工作班（组）长或工作负责人要和言行、情绪表现非正常状况的人员进行沟通、谈心，帮助其消除或平息思想上的不正常波动，使其保持良好的工作心态，否则该人员不能进入生产现场参加生产作业

续表 2-8

序号	危险点	控制措施
2	人员精神状态不佳	工作班（组）长或工作负责人要观察、了解人员精神状态，对酒后上班、睡眠不足、过度疲劳、健康欠佳等人员严禁其进入工作现场
3	浇铸天车抱闸失灵、钢丝绳断裂，导致落物伤人	（1）天车动作要尽量小，做到多动少量。 （2）正常作业时人员与天车保持安全距离，严禁浇注时人员紧挨作业点；严禁吊运铁水包等重物时人员站在天车下方。 （3）地面运行人员与天车工做好信号沟通工作。 （4）天车工上车前、下车后必须做好天车零部件等设施的检查，有安全隐患时严禁使用天车
4	误操作	（1）严格按照操作规程进行操作。 （2）设备发生故障或出现异常情况时严禁冒险作业
5	浇注时炭块潮湿或有水，易发生爆炸；铁水飞溅导致烧、烫伤	（1）穿戴好劳保用品。 （2）工具、炭块检查确认干燥方可使用
6	清理浇包包嘴及铁渣时，高温导致烧、烫伤	（1）穿戴好劳保用品。 （2）严格按照操作规程进行操作
7	铁水吊运过程中，铁水装包过满，铁水飞溅，导致人员烧、烫伤	（1）穿戴好劳保用品。 （2）严格按照操作规程进行操作。 （3）装包铁水按标准装运，严禁溢包

续表 2-8

序号	危险点	控制措施
8	工器具乱放，叉车碾压导致弹起伤人	（1）工器具要及时归位，摆放整齐。 （2）叉车按指定路线行车
9	辊筒、升降台运行，易对作业人员造成机械伤害	（1）穿戴好劳保用品。 （2）严格按照操作规程进行操作
10	电源柜电气元件发热，导致人员触电、火灾	（1）严格按照操作规程进行操作。 （2）加强设备巡查，发现异常及时汇报并处理
11	悬链运转中，落物伤人，导致撞坏设备及特种车辆	（1）穿戴好劳保用品。 （2）严格按照操作规程进行操作。 （3）装卸导杆过程中检查导杆是否装好、紧固，防止掉落。 （4）悬链运转车间严禁特种车辆及无关人员行走
12	炭块输送机运行时，人员横跨输送带，造成人员绞伤	（1）严格按照操作规程进行操作。 （2）人员横向通过输送带时，必须从跨桥上通过

清渣区域危险点分析及控制措施见表 2-9。

表 2-9 清渣区域危险点分析及控制措施

序号	危险点	控制措施
1	清渣过程中，铁渣飞溅，导致高温烫伤；人员站位不当，造成挤伤	（1）穿戴好劳保用品。 （2）严格按照操作规程进行操作。 （3）操作人员作业时必须站到炭块输送车间两侧

装卸站区域危险点分析及控制措施见表2-10。

表2-10　装卸站区域危险点分析及控制措施

序号	危险点	控制措施
1	人员思想状况不稳	工作班（组）长或工作负责人要和言行、情绪表现非正常状况的人员进行沟通、谈心，帮助其消除或平息思想上的不正常波动，使其保持良好的工作心态，否则该人员不能进入生产现场参加生产作业
2	人员精神状态不佳	工作班（组）长或工作负责人要观察、了解成员精神状态，对酒后上班、睡眠不足、过度疲劳、健康欠佳等人员严禁其进入工作现场
3	叉车作业配合不当，导致物料及车辆伤人	（1）叉车必须将物料放置稳妥后方可撤车。 （2）叉车叉运导杆遵循稳步、高效原则，与运行人员做好沟通配合工作，严禁野蛮操作
4	上线残极未装好，导杆脱落，砸伤人	（1）穿戴好劳保用品。 （2）严格按照操作规程进行操作

自动残极压脱区域危险点分析及控制措施见表2-11。

表2-11　自动残极压脱区域危险点分析及控制措施

序号	危险点	控制措施
1	液压系统油管爆裂，造成人身伤害	加强设备巡查，发现异常及时汇报并处理
2	碎炭块飞出，造成人身伤害	（1）穿戴好劳保用品。 （2）严格按照操作规程进行操作
3	压脱机进出口卡导杆，导致钢架脱落，造成人身伤害	（1）穿戴好劳保用品。 （2）严格按照操作规程进行操作

手动残极压脱区域危险点分析及控制措施见表 2-12。

表 2-12 手动残极压脱区域危险点分析及控制措施

序号	危险点	控制措施
1	叉车作业配合不当，导致物料及车辆伤人	（1）叉车必须将物料放置稳妥后方可撤车。 （2）叉车叉运导杆遵循稳步、高效原则，与运行人员做好沟通配合工作，严禁野蛮操作
2	未按操作步骤操作，造成人身伤害	（1）穿戴好劳保用品。 （2）严格按照操作规程进行操作

磷铁环压脱区域危险点分析及控制措施见表 2-13。

表 2-13 磷铁环压脱区域危险点分析及控制措施

序号	危险点	控制措施
1	液压系统油管爆裂，造成人身伤害	加强设备巡查，发现异常及时汇报并处理
2	钢爪架或导杆脱落；破碎机转动部分；造成人身伤害	（1）穿戴好劳保用品。 （2）严格按照操作规程进行操作。 （3）设备运转过程中作业人员需密切注意液压站压力不可超过规定范围
3	工艺车辆驶入该车间内，导致导杆撞坏车辆	（1）该车间作业时，特种车辆严禁驶入。 （2）驾驶员严格遵守厂内机动车的操作规程。 （3）作业人员注意观察特种车辆的作业状态，发现违章及时制止

破碎车间危险点分析及控制措施见表 2-14。

表 2-14 破碎车间危险点分析及控制措施

序号	危险点	控制措施
1	设备产生的噪音及粉尘的吸入，残极料飞溅，导致职业病	（1）穿戴好劳保用品。 （2）严格按照操作规程进行操作

续表 2-14

序号	危险点	控制措施
2	颚式破碎机送料时，卡料后，人工处理时易发生卡手、挤伤	（1）严格按照操作规程进行操作。 （2）卡料后，先停止机器，利用工器具清除物料
3	电动葫芦吊运大包料时，易发生物料坠落伤人	（1）严禁使用破损包袋。 （2）吊运时包袋要绑扎牢固。 （3）吊运过程中，大包下方禁止站人
4	清除残极时，易发生导杆倾斜砸伤人、烫伤人	（1）电动葫芦动作要尽量小，做到多动少量。 （2）正常作业时人员与电动葫芦保持安全距离，严禁清极时，人员站在两残极之间。 （3）电动葫芦操作工必须做好电动葫芦零部件等设施的检查工作，有安全隐患时严禁使用。 （4）导杆放置需间隔一定距离
5	人工砸磷铁环时，导杆不稳，倾斜脱落砸伤人	（1）电动葫芦动作要尽量小，做到多动少量。 （2）正常作业时人员与电动葫芦保持安全距离，严禁砸磷铁环时，人员紧挨作业点。 （3）电动葫芦操作工必须做好电动葫芦零部件等设施的检查工作，有安全隐患时严禁使用
6	电解质破碎，系统辊式输送带运行时，易发生人员绞伤	（1）穿戴好劳保用品。 （2）严格按照操作规程进行操作。 （3）皮带运转时，严禁人员站到皮带上操作。 （4）清理电磁铁吸附物或拣除难以破碎的电解质料时，严禁人员站到皮带上操作
7	工艺车辆高速行驶，导致撞伤行人	（1）车辆减速慢行，遇人鸣笛警示。 （2）驾驶员严格遵守厂内机动车的操作规程。 （3）作业人员注意观察特种车辆的作业状态，发现违章及时制止

钢爪甩链机的危险点分析及控制措施见表2-15。

表2-15 钢爪甩链机的危险点分析及控制措施

序号	危险点	控制措施
1	设备产生的噪音及粉尘的吸入，氧化皮飞溅，导致职业病	（1）穿戴好劳保用品。 （2）严格按照操作规程进行操作。 （3）按要求启停除尘设备
2	刷链机钢爪通道卡阻，钢爪钩挂帅链机造成设备事故	（1）严格按照操作规程进行操作。 （2）卡阻后，先停止悬链系统再停止设备。 （3）及时对停止器信号进行维修
3	甩链机钢爪通道门无法关闭，导致碎磷铁、氧化皮、链条飞出伤人	（1）严禁通道门损坏近距离接触使用设备。 （2）对链条按周期进行更换

第三节 检修车间危险点分析及控制措施

检修车间危险点分析及控制措施如下：

天车检修危险点分析及控制措施见表2-16。

表2-16 天车检修危险点分析及控制措施

序号	危险点	控制措施
1	人员思想状况不稳	工作班（组）长或工作负责人要和言行、情绪表现非正常状况的人员进行沟通、谈心，帮助其消除或平息思想上的不正常波动，使其保持良好的工作心态，否则该人员不能入生产现场参加生产作业
2	人员精神状态不佳	工作班（组）长或工作负责人要观察、了解成员精神状态，对酒后上班、睡眠不足、过度疲劳、健康欠佳等人员严禁其进入工作现场

续表 2-16

序号	危险点	控制措施
3	误动其他设备	办理工作许可手续后，待全体人员到达工作地点，对照工作票认真核对设备名称和编号，确认无误后，工作负责人向全体人员交代安全措施、注意事项及周围工作环境
4	落物伤人	（1）检修时将天车开到检修区，做好警戒围栏及悬挂警示标示牌，防止天车顶部检修零部件及工器具掉落伤人。 （2）上下传递物件时要用绳子绑好传递，不许抛掷。 （3）人员不得在天车检修区域下方行走停留
5	高处坠落	在天车轨道、检修平台、旋转机构上作业时，工作人员要挂好合格的安全带
6	人身触电	（1）不能私拉、乱接临时电源，导线要用橡胶软线，无裸露，摆放要规范。 （2）电动工器具要有检验合格证，确认现场外观检查、试运是否良好。 （3）工器具要接有漏电保护器，使用人员要戴绝缘手套。 （4）检修工作暂时停止时，必须关掉电动工具开关。 （5）天车检修作业上楼梯前要用验电笔检验天车是否有漏电，工作人员穿好绝缘鞋
7	滑倒	（1）作业时尽量避免油污掉落到天车走台板、楼梯和地面，对走台板、楼梯和地面油污进行清理。 （2）上下天车楼梯时，特别是携带较重物品时要扶好护栏
8	机械伤害	（1）工作人员不准随意操作遥控器，如工作需要临时系统调整，全部作业人员停止作业，防止转动挤伤。 （2）检查工器具是否合格，不合格的严禁使用，正确使用工器具，穿戴好防护用品

续表 2-16

序号	危险点	控制措施
9	压力伤害	检修空压机压缩空气系统及油压系统压力降为零后，方可作业
10	烫伤	使用电火焊要戴好手套、防护眼镜，防止弧光伤人
11	起重伤害	（1）起重作业设专人指挥。 （2）在起重前要检查起重工具是否合格，不合格的严禁使用；吊装过程中要和起重人员互相配合，防止起重伤害
12	火灾	（1）现场严禁吸烟，易燃品要妥善保管。 （2）工作前要办理动火工作票，现场使用电火焊要注意及时清理火种
13	爆炸	使用火焊时，乙炔和氧气瓶要保持 8m 的安全距离
14	粉尘伤害	进入生产现场佩戴好口罩及耳塞
15	高温中暑	夏季作业人员要保证多饮水，发现有不适应、头晕等现象时，及时下车休息

电机检修危险点分析及控制措施见表 2-17。

表 2-17 电机检修危险点分析及控制措施

序号	危险点	控制措施
1	人员思想状况不稳	工作班（组）长或工作负责人要和言行、情绪表现非正常状况的人员进行沟通、谈心，帮助其消除或平息思想上的不正常波动，使其保持良好的工作心态，否则该人员不能进入生产现场参加检修作业
2	人员精神状态不佳	工作班（组）长或工作负责人要观察、了解人员精神状态，对酒后上班，睡眠不足、过度劳累、健康欠佳等人员严禁其进入工作现场

续表 2-17

序号	危险点	控制措施
3	误动其他设备	（1）对照工作票认真核对设备名称。 （2）办理工作许可手续后，待全体人员到达工作地点，工作负责人向全体成员交代安全措施、注意事项及周围工作环境
4	落物伤人	检查检修区域上方和周围无高空落物的危险
5	走错位置	（1）认真监护，挂好“在此工作”的标志牌。 （2）工作前，认真验电，确认停电后，方可工作
6	设备损坏	起重机械要经检查确认是否合格、吊索荷重是否适当，要正确使用工器具
7	火灾	清洗部件要用煤油和清洗剂，清洗时要远离火源并及时清理使用后的棉纱等易燃物
8	人身触电	（1）临时电源摆放要规范，不能私拉、乱接。 （2）做电气试验时，检修人员要撤离现场，并做好配合工作。 （3）使用电气工具必须使用有漏电保护的电源
9	异物遗留在电机内	（1）设备回装时认真检查机内是否有遗留异物。 （2）回装前应及时清点工器具
10	滑倒	及时清理地面油污
11	起重伤害	在起重前要检查起重工具是否合格，不合格的严禁使用；吊装过程中要和起重人员互相配合，防止起重伤害
12	机械伤害	检查工器具是否合格，不合格的严禁使用，正确使用工器具，戴好防护用品

续表 2-17

序号	危险点	控制措施
13	试运	（1）电动机组装前逐级验收各部电动机良好后方可送电试转。 （2）一般鼠笼式电机允许冷态下起动 2~3 次，热态下起动一次。 （3）电机试运应带对轮试转 0.5h

配电盘检修危险点分析及控制措施见表 2-18。

表 2-18 配电盘检修危险点分析及控制措施

序号	危险点	控制措施
1	人员思想状况不稳	工作班（组）长或工作负责人要人言行、情绪表现非正常状况的人员进行沟通、谈心，帮助其消除或平息思想上的不正常波动，使其保持良好的工作心态，否则该人员不能进入生产现场参加检修作业
2	人员精神状态不佳	工作班（组）长或工作负责人要观察、了解人员精神状态，对酒后上班，睡眠不足、过度劳累、健康欠佳等人员严禁其进入工作现场
3	误动其他设备	（1）对照工作票认真核对设备名称。 （2）办理工作许可手续后，待全体人员到达工作地点，工作负责人向全体成员交待安全措施、注意事项及周围工作环境
4	落物伤人	检查检修区域上方和周围是否有高空落物的危险
5	走错间隔	（1）认真监护，挂好“在此工作”的标志牌。 （2）工作前，认真验电，确认停电后，方可工作。 （3）认真核对停电设备是否正在运行状态，防止带负荷拉隔离开关

续表 2-18

序号	危险点	控制措施
6	感电	(1) 工作中注意左、右间隔带电部位，防止误碰感电，必要时加装隔板。 (2) 认真监护。 (3) 佩戴好近电感应器。 (4) 必须穿好绝缘鞋
7	滑倒	及时清理地面油污
8	机械伤害	检查工器具是否合格，不合格的严禁使用，正确使用工器具，戴好防护用品
9	试运	(1) 检查措施是否恢复，地线是否拆除，现场是否清理干净。 (2) 对检修、更换的设备必须重新测试绝缘

电缆检修危险点分析及控制措施见表 2-19。

表 2-19　电缆检修危险点分析及控制措施

序号	危险点	控制措施
1	人员思想状况不稳	工作班（组）长或工作负责人要和言行、情绪表现非正常状况的人员进行沟通、谈心，帮助其消除或平息思想上的不正常波动，使其保持良好的工作心态，否则该人员不能进入生产现场参加检修作业
2	人员精神状态不佳	工作班（组）长或工作负责人要观察、了解人员精神状态，对酒后上班，睡眠不足、过度劳累、健康欠佳等人员严禁其进入工作现场
3	误动其他设备	(1) 对照工作票认真核对设备名称。 (2) 办理工作许可手续后，待全体人员到达工作地点，工作负责人向全体成员交待安全措施、注意事项及周围工作环境

续表 2-19

序号	危险点	控制措施
4	机械伤人	检查工器具合格
5	落物伤人	检查检修区域上方和周围是否有高空落物的危险
6	走错位置	（1）工作前必须详细核对电缆名称标示牌是否与工作票所写的符合。 （2）认真监护，挂好“在此工作”的标志牌
7	感电	（1）工作前，认真验电，确认停电后，方可工作。 （2）穿好绝缘鞋，正确戴好安全帽及手套，必要时地面放好绝缘垫。 （3）佩戴好近电感应器。 （4）电缆沟口设有专人看守
8	机械伤害	（1）正确戴好安全帽及手套。 （2）工作时要谨慎、小心，防止刀具伤人
9	人身触电	（1）临时电源摆放要规范，不能私拉乱接。 （2）做电气试验时，检修人员要撤离现场，并做好配合工作。 （3）使用电气工具必须使用有漏电保护的电源
10	滑倒	及时清理地面油污
11	高空坠落	（1）正确戴好安全帽及手套。 （2）工作时要谨慎、小心，注意安全，做好监护。 （3）高空作业要系好安全带，严禁空中抛掷工具、材料等物品。 （4）正确使用登高梯子

照明检修作业危险点分析及控制措施见表 2-20。

表 2-20　照明检修作业危险点分析及控制措施

序号	危险点	控制措施
1	人员思想状况不稳	工作班（组）长或工作负责人要和言行、情绪表现非正常状况的人员进行沟通、谈心，帮助其消除或平息思想上的不正常波动，使其保持良好的工作心态，否则该人员不能进入生产现场参加检修作业
2	人员精神状态不佳	工作班（组）长或工作负责人要观察、了解人员精神状态，对酒后上班，睡眠不足、过度劳累、健康欠佳等人员严禁其进入工作现场
3	误动其他设备	（1）对照工作票认真核对设备名称。 （2）办理工作许可手续后，待全体人员到达工作地点，工作负责人向全体成员交代安全措施、注意事项及周围工作环境
4	机械伤人	检查工器具是否合格，不合格的严禁使用，正确使用工器具，戴好防护用品
5	落物伤人	检查检修区域上方和周围是否有高空落物的危险
6	感电	（1）工作前，认真验电，确认停电后，方可工作。 （2）工作时至少由两人进行，并有专人监护，使用绝缘工具，穿绝缘鞋
7	高空坠落	正确戴好安全帽及安全带

电解槽检修作业危险点分析及控制措施见表 2-21。

表 2-21 电解槽检修作业危险点分析及控制措施

序号	危险点	控制措施
1	人员思想状况不稳	工作班（组）长或工作负责人要和言行、情绪表现非正常状况的人员进行沟通、谈心，帮助其消除或平息思想上的不正常波动，使其保持良好的工作心态，否则该人员不能进入生产现场参加检修作业
2	人员精神状态不佳	工作班（组）长或工作负责人要观察、了解人员精神状态，对酒后上班，睡眠不足、过度劳累、健康欠佳等人员严禁其进入工作现场
3	误动其他设备	（1）对照工作票认真核对设备名称。 （2）办理工作许可手续后，待全体人员到达工作地点，工作负责人向全体成员交代安全措施、注意事项及周围工作环境
4	机械伤人	检查工器具是否合格，不合格的严禁使用，正确使用工器具，戴好防护用品
5	粉尘伤害	进入生产现场佩戴好口罩及耳塞
6	压力伤人	槽上部风管及料管漏风及漏料处理，先确定压力为零后，再开始作业
7	车辆伤害	车间内作业注意来往的工艺车辆及天车，防止交差作业造成人员碰伤
8	起重伤害	（1）起重作业设专人指挥。 （2）在起重前要检查起重工具是否合格，不合格的严禁使用；吊装过程中要和起重人员互相配合，防止起重伤害

续表 2-21

序号	危险点	控制措施
9	烫伤	（1）工作人员远离运行换极作业，不要到出铝口部位，防止电解质及铝液烫伤。 （2）上下槽罩要站稳，防止电解槽掉落覆盖料上造成烫伤。 （3）使用电火焊要戴好劳动保护用品，防止电焊火星烫伤
10	人身触电	槽上部烟管作业，要穿戴好绝缘鞋，作业中不允许两手跨越抓绝缘节两端，防止触电
11	爆炸	使用火焊时，乙炔和氧气瓶要保持 8m 的安全距离

风机、水泵、空压机作业危险点分析及控制措施见表 2-22。

表 2-22 风机、水泵、空压机作业危险点分析及控制措施

序号	危险点	控制措施
1	人员思想状况不稳	工作班（组）长或工作负责人要和言行、情绪表现非正常状况的人员进行沟通、谈心，帮助其消除或平息思想上的不正常波动，使其保持良好的工作心态，否则该人员不能进入生产现场参加检修作业
2	人员精神状态不佳	工作班（组）长或工作负责人要观察、了解人员精神状态，对酒后上班，睡眠不足、过度劳累、健康欠佳等人员严禁其进入工作现场
3	误动其他设备	（1）对照工作票认真核对设备名称。 （2）办理工作许可手续后，待全体人员到达工作地点，工作负责人向全体成员交代安全措施、注意事项及周围工作环境

续表 2-22

序号	危险点	控制措施
4	机械伤人	（1）检查工器具是否合格，不合格的严禁使用，正确使用工器具，戴好防护用品。 （2）工作人员远离其他转动设备
5	噪声伤害	进入生产现场佩戴好口罩及耳塞
6	压力伤人	转动设备检修确定系统压力降为零，系统介质排空，防止压力伤人
7	起重伤害	（1）起重作业设专人指挥。 （2）在起重前要检查起重工具是否合格，不合格的严禁使用；吊装过程中要和起重人员互相配合，防止起重伤害
8	爆炸	使用火焊时，乙炔和氧气瓶要保持 8m 的安全距离
9	烫伤	焊接作业佩戴好劳动保护用品，防止电火焊烫伤
10	落物伤人	（1）高处作业一律使用工具袋，较大工具应用绳拴在牢固的构件上，不准随便乱放。 （2）高处作业，除有关人员外，不准他人在工作地点下面通行或逗留
11	火灾	用火焊时，要检查气带不应有漏气现象
12	人身触电	电焊机一、二次线绝缘良好，不应有漏电现象
13	高处摔落	（1）高处作业改变位置时，安全带不能解除或采用双绳安全带。 （2）使用合格安全带，且较大工具应用绳拴在牢固的物件上，不准随便乱放

真空抬包检修危险点分析及控制措施见表 2-23。

表 2-23　真空抬包检修危险点分析及其控制措施

序号	危险点	控制措施
1	人员思想状况不稳	工作班（组）长或工作负责人要和言行、情绪表现非正常状况的人员进行沟通、谈心，帮助其消除或平息思想上的不正常波动，使其保持良好的工作心态，否则该人员不能进入生产现场参加检修作业
2	人员精神状态不佳	工作班（组）长或工作负责人要观察、了解人员精神状态，对酒后上班，睡眠不足、过度劳累、健康欠佳等人员严禁其进入工作现场
3	机械伤人	（1）检查工器具是否合格，不合格的严禁使用，正确使用工器具，戴好防护用品。 （2）正确使用风镐，接口部位要绑扎牢固，压力适中，防止压力过大使得胶管崩开使得人员伤害
4	噪声伤害	清包过程中佩戴好耳塞
5	烫伤	（1）热包清理完毕后需要人工清理要采用风机降温，温度降到40℃，人员穿戴好劳保用品后，方可作业。 （2）焊接作业穿戴好劳保用品，防止电火焊烫伤
6	起重伤害	（1）起重作业设专人指挥。 （2）在起重前要检查起重工具是合格，不合格的严禁使用；吊装过程中要和起重人员互相配合，防止起重伤害
7	爆炸	使用火焊时，乙炔和氧气瓶要保持8m的安全距离
8	火灾	用火焊时，要检查气带不应有漏气现象
9	人身触电	电焊机一、二次线绝缘良好，不应有漏电现象
10	粉尘伤害	作业人员佩戴好口罩

第四节 铸造车间危险点分析及控制措施

铸造车间危险点分析及控制措施如下：

高跨车间（炉前作业）危险点分析及控制措施见表2-24。

表2-24 高跨车间（炉前作业）危险点分析及控制措施

序号	危险点	控制措施
1	人员思想状况不稳	工作班（组）长或工作负责人要和言行、情绪表现非正常状况的人员进行沟通、谈心，帮助其消除或平息思想上的不正常波动，使其保持良好的工作心态，否则该人员不能进入生产现场参加生产作业
2	人员精神状态不佳	工作班（组）长或工作负责人要观察、了解人员精神状态，对酒后上班、睡眠不足、过度疲劳、健康欠佳等人员严禁其进入工作现场
3	误操作	（1）严格按照操作规程进行操作。 （2）设备发生故障或出现异常情况时严禁冒险作业
4	天车吊包时，钢丝绳断裂，导致人员砸伤	（1）严格按照操作规程进行操作。 （2）设备发生故障或出现异常情况时严禁冒险作业。 （3）天车工强化日常巡检，发现问题及时汇报并处理。 （4）吊运抬包等重物时，严禁下方站人
5	倒铝液时，速度不均匀，铝液飞溅导致烫伤；倒铝液时，未对准出铝口，导致洒铝人员烫伤	（1）严格按照操作规程进行操作。 （2）穿戴好劳保用品。 （3）倾倒铝液时速度均匀，对准倒铝口

续表 2-24

序号	危险点	控制措施
6	摇包时，传动机构失灵，造成滑包，引起洒铝人员烫伤	(1) 强化日常巡检，发现问题及时汇报并处理。 (2) 吊运抬包时必须上好包卡
7	扒渣时，高温铝渣造成烫伤	(1) 穿戴好劳保用品。 (2) 扒渣时远离扒渣口
8	扒渣后，清除炉前铝灰时造成烫伤、吸入烟气与粉尘导致职业病	(1) 穿戴好劳保用品。 (2) 正确使用工器具
9	工艺车辆车间内高速行驶，导致撞伤作业人员	(1) 工艺车辆车间内减速慢行，遇到行人或盲区时鸣笛警示。 (2) 驾驶员严格遵守厂内机动车的操作规程。 (3) 作业人员注意观察特种车辆的作业状态，发现违章及时制止
10	天车与抬包车配合不当，导致掉包伤人伤设备	(1) 天车吊运抬包遵循稳步、高效原则，与运行人员做好沟通配合工作，严禁野蛮操作。 (2) 天车动作要尽量小，做到多动少量。 (3) 严禁吊运抬包等重物时作业人员站在吊物下方。 (4) 地面运行人员与天车工做好信号沟通工作。 (5) 天车工上车前、下车后必须做好天车零部件等设施的检查工作，有安全隐患时严禁使用天车
11	混合炉操作触电	(1) 严格按照操作规程进行操作。 (2) 穿戴好劳保用品。 (3) 扒渣、倒铝、加冷材、清炉时必须先断电

续表 2-24

序号	危险点	控制措施
12	混合炉里加清渣剂时，铝液飞溅	（1）穿戴好劳保用品，尤其是佩戴好面罩。 （2）操作时动作平稳、缓和
13	液压推杆漏油，引发火灾	（1）强化日常巡检，发现问题及时汇报并处理。 （2）处理油类物质着火用泡沫、1211 干粉、二氧化碳等灭火器进行扑救。其中以泡沫和 1211 灭火器灭火效果最佳。 在用泡沫灭火器来灭容器中的油火时，应注意把泡沫打在容器的四周壁上，慢慢地让泡沫形成覆盖面，千万不能直接喷在油面上，以防油火飞溅。 此外，用干粉和二氧化碳灭火器灭金属容器中的油火时，还应同时注意冷却容器壁，因火灭之后，容器壁的余温还可能造成二次燃烧
14	抬包倒包时，移动电源箱使用不当，易发生触电	（1）电源设置及使用符合国家用电规范，并能结合厂房实际，且不存在安全隐患。 （2）作业期间严禁用湿手或潮湿工具触碰带电设备
15	铝液飞溅时，烫坏电缆引发人员触电	（1）电缆设置需远离铝液可能飞溅的车间。 （2）倒包时动作平稳、缓和
16	回冷材（废铝锭）时，铝锭滑落伤人、冷材预热不好遇铝液易发生爆炸	冷材规整、码垛放置；回炉冷材时要预热好，每次回炉冷材最多回炉半捆
17	粉尘伤害	作业时穿戴好劳保防护用品

低跨车间（铸机线）危险点分析及控制措施见表 2-25。

表 2-25 低跨车间（铸机线）危险点分析及控制措施

序号	危险点	控制措施
1	炉眼天平岗位易发生铝液烫伤、铝液爆炸伤人	（1）穿戴好劳保用品，尤其是佩戴好防护面罩。 （2）开炉眼时应站在炉眼侧面作业。 （3）认真预热铸模、分配器及工器具，刷好脱模剂，防止爆炸
2	生产结束后刮溜槽易发生烫伤	（1）穿戴好劳保用品，尤其是戴好防护面罩。 （2）操作时动作平稳、缓和，防止铝液飞溅。 （3）严禁踩在流槽上进行刮流槽
3	炉眼、流槽、DT管操作不慎易发生跑铝	（1）穿戴好劳保用品，尤其是戴好防护镜。 （2）操作时动作平稳、缓和，严禁野蛮作业。 （3）DT管安放要牢固，生产准备要细致
4	打渣岗位易发生烫伤、铝液爆炸、起重伤害	（1）穿戴好劳保用品，尤其是戴好防护面罩。 （2）打渣时应轻抛铝渣，防止烫伤。 （3）吊运残铝过程中应注意吊运路径，禁止站到吊运物下方。 （4）残铝未凝固好严禁起吊。 （5）严禁使用小块铝锭做吊耳
5	残铝箱内铝液烫伤	（1）残铝箱内铝液必须凝固后才能吊运。 （2）残铝箱内铝液达到2/3必须吊出，否则超过了2/3，在生产停止或铸机出现异常后容易跑铝
6	生产过程中清理分配器，易发生烫伤、爆炸	（1）穿戴好劳保用品，尤其是戴好防护面罩。 （2）严格按照操作规程进行操作。 （3）清理分配器动作要快、准，尽量减少在分配器处的逗留时间

续表 2-25

序号	危险点	控制措施
7	接收岗位易发生机械伤害、噪音伤害、铝锭烫伤	（1）穿戴好劳保用品。 （2）严禁将手脚伸入机械转动部位。 （3）铸机卡锭时，要及时将拖出的铝锭投入冷运水槽内。 （4）接收卡锭往外拉拽铝锭时要注意姿势，防止铝锭砸到脚和腿或不慎摔倒。 （5）更换字头时要将电磁阀取掉
8	堆垛岗位易发生机械伤害、物体打击	（1）当机械手出现故障时，向地面排铝锭时应注意周围人群。 （2）严禁将手脚伸入机械转动部位。 （3）铝锭调整时，注意手脚配合，站位稳定，防止铝锭挤伤。 （4）人工堆铝锭时应注意动作平稳、缓和，轻拿轻放，做到“四不伤害”
9	打捆岗位易发生机械伤害	穿戴好劳保用品，尤其是戴好防护镜，防止钢带戳伤眼睛，打捆中防止钢带挤伤
10	衡量岗位的作业人员在叉车叉运成捆铝锭到衡量称的过程中，与运行人员（指挥人员）配合不当，导致铝锭砸落伤人	地面运行人员与天车工做好信号沟通，确认无误后行车
11	运行中横跨成品运输机，发生人员链条绞伤	（1）严格按照操作规程进行操作。 （2）人员横向通过输送带时，必须从跨桥上通过

续表 2-25

序号	危险点	控制措施
12	检修作业时，易发生机械伤害	（1）严格按照操作规程进行操作。 （2）检修时涉及停机操作时，必须停机。 （3）严格执行“两票”管理
13	电动葫芦落物伤人	（1）强化日常巡检，发现问题及时汇报并处理。 （2）禁止使用存在安全隐患的设备

第五节　净化焙烧车间危险点分析及控制措施

净化焙烧车间危险点分析及控制措施如下：

电解净化区域危险点分析及控制措施见表 2-26。

表 2-26　电解净化区域危险点分析及控制措施

序号	危险点	控制措施
1	人员思想状况不稳	工作班（组）长或工作负责人要和言行、情绪表现非正常状况的人员进行沟通、谈心，帮助其消除或平息思想上的不正常波动，使其保持良好的工作心态，否则该人员不能进入生产现场参加生产作业
2	人员精神状态不佳	工作班（组）长或工作负责人要观察、了解人员精神状态，对酒后上班、睡眠不足、过度疲劳、健康欠佳等人员严禁其进入工作现场
3	误操作	（1）严格按照操作规程进行操作。 （2）设备发生故障或出现异常情况时严禁冒险作业

续表 2-26

序号	危险点	控制措施
4	启动风机，绞伤	（1）穿戴好劳保用品。 （2）严格按照操作规程进行操作。 （3）检查完毕后与设备保持一定距离
5	巡检超浓相时上下楼梯摔伤	（1）穿戴好劳保用品。 （2）注意躲避巡视路线上的障碍物，避免滑跌绊倒
6	巡检超浓相时注意高空坠落	（1）穿戴好劳保用品。 （2）注意躲避巡视路线上的障碍物，避免滑跌绊倒
7	巡检除尘器时注意高空坠落	（1）穿戴好劳保用品。 （2）注意躲避巡视路线上的障碍物，避免滑跌绊倒
8	巡检除尘器时注意高空坠物	（1）穿戴好劳保用品。 （2）注意躲避巡视路线上的障碍物，避免滑跌绊倒
9	巡检系统时注意粉尘伤害	穿戴好劳保用品。
10	巡检除尘器时注意高温灼伤	（1）穿戴好劳保用品。 （2）严格按照操作规程进行操作。 （3）检查完毕后与设备保持一定距离

氢氧化铝焙烧炉区域危险点分析及控制措施见表2-27。

表2-27 氢氧化铝焙烧炉区域危险点分析及控制措施

序号	危险点	控制措施
1	人员思想状况不稳	工作班（组）长或工作负责人要对言行、情绪表现非正常状况的人员进行沟通、谈心，帮助其消除或平息思想上的不正常波动，使其保持良好的工作心态，否则该人员不能进入生产现场参加生产作业
2	人员精神状态不佳	工作班（组）长或工作负责人要观察、了解成员精神状态，对酒后上班、睡眠不足、过度疲劳、健康欠佳等人员严禁其进入工作现场
3	误操作	（1）严格按照操作规程进行操作。 （2）设备发生故障或出现异常情况时严禁冒险作业
4	启动风机，造成绞伤	（1）穿戴好劳保用品。 （2）严格按照操作规程进行操作。 （3）检查完毕后与设备保持一定距离
5	巡检皮带时，上下楼梯摔伤	（1）穿戴好劳保用品。 （2）注意躲避巡视路线上的障碍物，避免滑跌绊倒
6	巡检皮带时注意高空坠落	（1）穿戴好劳保用品。 （2）注意躲避巡视路线上的障碍物，避免滑跌绊倒
7	巡检焙烧炉时注意高空坠落	（1）穿戴好劳保用品。 （2）注意躲避巡视路线上的障碍物，避免滑跌绊倒
8	巡检焙烧炉时注意高温灼伤	（1）穿戴好劳保用品。 （2）严格按照操作规程进行操作。 （3）检查完毕后与设备保持一定距离

续表 2-27

序号	危险点	控制措施
9	巡检焙烧炉时注意高空坠物	(1) 穿戴好劳保用品。 (2) 注意躲避巡视路线上的障碍物，避免滑跌绊倒
10	巡检焙烧炉时注意煤气中毒	(1) 穿戴好劳保用品。 (2) 随身携带一氧化碳检测仪，发生报警立刻撤离现场

氧化铝堆栈区域危险点分析及控制措施见表 2-28。

表 2-28　氧化铝堆栈区域危险点分析及控制措施

序号	危险点	控制措施
1	人员思想状况不稳	工作班（组）长或工作负责人要和言行、情绪表现非正常状况的人员进行沟通、谈心，帮助其消除或平息思想上的不正常波动，使其保持良好的工作心态，否则该人员不能进入生产现场参加生产作业
2	人员精神状态不佳	工作班（组）长或工作负责人要观察、了解人员精神状态，对酒后上班、睡眠不足、过度疲劳、健康欠佳等人员严禁其进入工作现场
3	误操作	(1) 严格按照操作规程进行操作。 (2) 设备发生故障或出现异常情况时严禁冒险作业
4	启动风机，造成绞伤	(1) 穿戴好劳保用品。 (2) 严格按照操作规程进行操作。 (3) 检查完毕后与设备保持一定距离

续表 2-28

序号	危险点	控制措施
5	检查压力容器阀件，压缩空气泄漏导致伤人	（1）穿戴好劳保用品。 （2）严格按照操作规程进行操作。 （3）严禁超压运行
6	打料时注意粉尘伤害	（1）穿戴好劳保用品。 （2）严格按照操作规程进行操作。 （3）站至除尘器上方烟道处
7	检修压力容器，带压伤人	（1）穿戴好劳保用品。 （2）严禁带压检修。 （3）严格执行“两票”制度
8	上下贮仓爬梯作业时，高空摔落	穿戴好劳保用品。尤其是戴好安全带、安全帽
9	划包工划包时，导致割伤	穿戴好手套
10	挂包作业，导致夹伤	穿戴好手套

第六节　工艺车队各岗位危险点分析及控制措施

工艺车队各岗位危险点分析及控制措施见表 2-29。

表 2-29 工艺车队各岗位危险点分析及控制措施

序号	危险点	控制措施
1	人员思想状况不稳	工作班（组）长或工作负责人要和言行、情绪表现非正常状况的人员进行沟通、谈心，帮助其消除或平息思想上的不正常波动，保持良好的工作心态，否则该人员不能入生产现场参加生产作业
2	人员精神状态不佳	工作班（组）长或工作负责人要观察、了解人员精神状态，对酒后上班、睡眠不足、过度疲劳、健康欠佳等人员严禁其进入工作现场
3	误操作	（1）严格按照操作规程进行操作。 （2）设备发生故障或出现异常情况时严禁冒险作业
4	抬包车运输铝液易导致人员伤害及烧毁车辆	（1）严格按照操作规程进行操作，车辆禁止超速，进出厂房鸣笛、打转向灯。 （2）倒铝时穿戴好劳保用品，特别是要戴好防护面罩和半皮手套。 （3）认真执行“三检四勤”，严禁带病车辆运行。 （4）抬包车禁止紧急刹车，铝液溢出烧坏车辆和飞溅烧伤路人。 （5）进入电解车间仔细观察人员状态和天车运行状态。 （6）驾驶员进入各区域按规定路线行驶。 （7）车辆挡风玻璃前禁止堆放物品，影响驾驶员运输视线。 （8）驾驶员确定运输线路路面状况。 （9）抬包车进出厂房仔细观察包轮，防止剐蹭大门。 （10）天车吊运铝包时，司机下车监督。 （11）车辆起步之前，绕车转一周检查。 （12）随车携带灭火器

续表 2-29

序号	危险点	控制措施
5	叉车运输	（1）严格按照操作规程进行操作，车辆禁止超速，进出厂房鸣笛、打转向灯。 （2）叉运时穿戴好劳保用品。 （3）认真执行“三检四勤”，严禁带病车辆运行。 （4）叉导杆、残极、新极最多两根，门架后倾，避免掉落砸伤工作人员。 （5）驾驶员进入各区域按规定路线行驶。 （6）车辆挡风玻璃前禁止堆放物品，影响驾驶员运输视线。 （7）驾驶员应了解搬运物品的性质，不得搬运易燃、易爆危险品
6	阳拖运输	（1）严格按照操作规程进行操作，车辆禁止超速，进出厂房鸣笛、打转向灯。 （2）运输时穿戴好劳保用品。 （3）认真执行“三检四勤”，严禁带病车辆运行。 （4）进入电解车间仔细观察人员状态和天车运行状态。 （5）阳拖司机进入现场按工作人员指挥放置拖盘，以免影响其他工作。 （6）驾驶员进入各区域按规定路线行驶。 （7）运输过程中把液压升起，避免拖盘剐蹭路面物体。 （8）车辆挡风玻璃前禁止堆放物品，影响驾驶员运输视线
7	装载机运输	（1）严格按照操作规程进行操作，车辆禁止超速，进出厂房鸣笛、打转向灯。 （2）车辆上料时穿戴好劳保用品。 （3）认真执行“三检四勤”，严禁带病车辆运行。 （4）上料时观察料仓位，上料过多导致设备调停。 （5）进入料场仔细观察人员状态和外运物料车运行。 （6）驾驶员进入各区域按规定路线行驶。 （7）车辆挡风玻璃前禁止堆放物品，影响驾驶员运输视线。 （8）车辆起步之前，绕车转一周检查

续表 2-29

序号	危险点	控制措施
8	平板车运输	(1) 严格按照操作规程进行操作，车辆禁止超速，进出厂房鸣笛、打转向灯。 (2) 运输时穿戴好劳保用品。 (3) 认真执行“三检四勤”，严禁带病车辆运行。 (4) 平板车司机进入现场按工作人员指挥放置，以免影响其他工作。 (5) 驾驶员进入各区域按规定路线行驶。 (6) 车辆挡风玻璃前禁止堆放物品，影响驾驶员运输视线。 (7) 车辆起步之前，绕车转一周检查
9	车辆维修	(1) 现场维修禁止明火。 (2) 车辆维修禁止焊接。 (3) 现场维修工具定置摆放。 (4) 现场维修配置灭火器。 (5) 车辆更换轮胎必须加装支撑点。 (6) 车辆电瓶充电，现场必须监护。 (7) 车辆电瓶搭车，维修工必须戴眼罩。 (8) 车辆启动风扇叶避免绞手。 (9) 车辆地沟维修，避免头部碰撞车底。 (10) 车辆地沟维修，避免车辆异动碰撞维修人员。 (11) 车辆地沟维修，防止吊装发动机掉落伤人。 (12) 车辆补胎充气，防止钢圈飞溅伤人
10	吊车吊运	(1) 严格按照操作规程进行操作，车辆禁止超速，进出厂房鸣笛、打转向灯。 (2) 吊装时穿戴好劳保用品。 (3) 认真执行“三检四勤”，严禁带病车辆运行。 (4) 吊车司机进入现场按工作人员指挥停放，以免影响其他工作。 (5) 进入工作现场，现场工作人员需拉警戒线。

续表 2-29

序号	危险点	控制措施
10	吊车吊运	（6）工作现场指挥人员持证上岗。 （7）驾驶员需确定支撑支腿的稳定性。 （8）驾驶员在起吊方位和重量的稳定性。 （9）司机背向吊装过程中注意是否有物体脱落。 （10）注意吊装物体时吊装袋、绳是否断裂。 （11）车辆起步之前，绕车转一周检查

第三章

动力分厂危险点分析及控制措施

第一节　运行车间危险点分析及控制措施

运行车间危险点分析及控制措施如下：

配电室巡视危险点分析及控制措施见表3-1。

表3-1　配电室巡视危险点分析及控制措施

序号	危险点	控制措施
1	触电	（1）核对设备名称及编号，严防误入带电间隔。 （2）保证与带电设备的安全距离：380V（大于0.7m），10kV（大于0.7m），35kV（大于1m），220kV（大于3m）。 （3）操作人、监护人必须严格遵守自己的安全职责，把好现场作业安全关。 （4）人员状态不佳不允许进行操作。 （5）必须在电气设备上进行验电。 （6）保证“两票”的合格率。 （7）运行操作时不得马虎，严格作业规程，保证三级验收。 （8）未得到总工批准、未办理相关手续，严禁破坏或擅自打开设备五防闭锁装置。 （9）联系、指挥环节不发生口误、听误，做到准确率100%。 （10）穿戴好劳保用品。 （11）会正确使用合格的工器具。 （12）重视电气工作，提高安全意识，增强自身技能水平，不做违章、违规的事情

续表 3-1

序号	危险点	控制措施
2	开关爆炸	（1）严格按照操作规程进行各项操作，抽屉开关在送电前必须详细检查开关内部，避免发生开关推入时短路放炮。 （2）故障或事故开关在未查明原因前不准送电。 （3）绝缘不合格或未经过绝缘测试的开关不准送电。 （4）炭素区域由于炭粉尘较大，配电室污染比较严重，炭粉导电，操作时绝缘手套等安全防护设施必须到位，发生险情立即避让、逃跑，开关送电时一定要小心
3	高压配电室巡视、操作、抄表、设备检修、试验、卫生清扫误碰急停按钮	（1）核对设备的双重编号，不走错间隔，精神状态好。 （2）任何作业时，衣服袖口应扣紧，避免挂碰急停按钮。 （3）任何作业时，要仔细、稳重，不急躁
4	电缆沟盖板踏空或踩翻	（1）经常检查各配电室电缆沟盖板，发现问题及时报缺陷。 （2）尽量不从盖板上面行走。 （3）两人结伴巡视
5	滑跌、碰撞	（1）巡视操作时有水、冰等容易滑倒的地方要绕行并及时清理。 （2）巡视、操作时要注意周围环境。 （3）上下爬梯时扶好扶手

变电站巡视危险点分析及控制措施见表 3-2。

表 3-2 变电站巡视危险点分析及控制措施

序号	危险点	控制措施
1	触电	（1）核对设备名称及编号，严防误入带电间隔。 （2）保证与带电设备的安全距离：380V（大于 0.7m），10kV（大于 0.7m），35kV（大于 1m），220kV（大于 3m）。 （3）操作人、监护人必须严格遵守自己的安全职责，把好现场作业安全关。 （4）人员状态不佳不允许进行操作或检修作业。 （5）必须在电气设备上进行验电。 （6）保证“两票”的合格率。 （7）操作不得马虎，严格作业规程，保证三级验收。 （8）未得到总工批准、未办理相关手续，严禁破坏或擅自打开设备五防闭锁装置。 （9）联系、指挥环节不发生口误、听误，做到准确率100%。 （10）穿戴好劳保用品。 （11）会正确使用合格的工器具。 （12）重视电气工作，提高安全意识，增强自身技能水平，不做违章、违规的事情
2	接地故障易产生跨步电压导致触电伤人	（1）必须穿绝缘靴，戴绝缘手套。 （2）室外与接地点保持 8m 以上距离，室内与接地点保持 4m 以上距离。 （3）及时发现、及时通知专业进行处理。 （4）做好隔离措施，无关人员不得进入
3	开关爆炸	（1）严格按照操作规程进行各项操作，抽屉开关在送电前必须详细检查开关内部，避免发生开关推入时短路放炮。 （2）故障或事故开关在未查明原因前不准送电。 （3）绝缘不合格或未经过绝缘测试的开关不准送电。

续表 3-2

序号	危险点	控制措施
3	开关爆炸	（4）炭素区域由于炭粉尘较大，配电室污染比较严重，炭粉导电，操作时绝缘手套等安全防护设施必须到位，发生险情立即避让、逃跑；开关送电时一定要小心
4	接地线	（1）认真验电，不带电挂地线。 （2）接地线必须严格登记，规范存放，避免发生遗漏造成带地线送电。 （3）拆装接地线必须按照操作规程中的相关规定执行。 （4）切勿遗留下螺丝、垫片等物品
5	夜间巡视	（1）必须由两人进行，并带好手电等照明设备。 （2）各配电室照明必须充足。 （3）禁止在无照明或昏暗的场所进行操作
6	雨天巡视设备	（1）穿好绝缘雨衣、绝缘靴。 （2）与带电设备的安全距离增大，以防止触电。 （3）不在杆塔、屋檐或大型电器设备旁停留
7	冬天巡视	（1）注意个人保暖。 （2）注意防滑

减温减压站、换热站、空压站、污水处理站巡视危险点分析及控制措施见表 3-3。

表 3-3 减温减压站、换热站、空压站、污水处理站巡视危险点分析及控制措施

序号	危险点	控制措施
1	机械损伤	（1）对于设备裸露的转动部分，必须加装防护罩。 （2）在操作过程中时刻注意，保持与运行设备的安全距离。 （3）穿戴好个人防护用品，着装正确，扎好袖口衣角，衣服要封扣；女生长发应盘起在安全帽内，不穿裙子，穿着好劳保用品，避免衣物卷入设备内。 （4）正确地掌握转机设备的检查方法与操作方法

续表 3-3

序号	危险点	控制措施
2	污水井、污水槽跌落	（1）避让绕行，保持高度集中力，必须要踩时尽量踩中间。 （2）外出工作或办事必须由两人相伴。 （3）远离人孔或掉料口
3	蒸汽烫伤	（1）远离蒸汽管道及排汽口。 （2）学会烫伤自我急救。 （3）发生意外及时汇报值长并拨打急救电话。 （4）正确着装、禁止穿短袖衣服。 （5）正确使用工具。 （6）操作时需戴手套、掌握正确的操作方法
4	防止衣物绞入转动设备	（1）巡视时与泵轴承保持距离。 （2）泵故障停止时，在电源没有断电前勿用手触摸轴承
5	滑跌、碰撞	（1）巡视操作时有水、冰等容易滑倒的地方要绕行并及时清理。 （2）巡视、操作时要注意周围环境。 （3）上下爬梯时扶好扶手

电气倒闸操作危险点分析及控制措施见表 3-4。

表 3-4 电气倒闸操作危险点分析及控制措施

序号	危险点	控制措施
1	走错间隔	（1）认真核对设备双重编号。 （2）操作人、监护人共同确认待操作设备是否与操作票一致

续表 3-4

序号	危险点	控制措施
2	触电	（1）核对设备名称及编号，严防误入带电间隔。 （2）保证与带电设备的安全距离：380V（大于 0.7m），10kV（大于 0.7m），35kV（大于 1m），220kV（大于 3m）。 （3）操作人、监护人必须严格遵守自己的安全职责，把好现场作业安全关。 （4）人员状态不佳不允许进行操作。 （5）必须在电气设备上进行验电。 （6）保证"两票"的合格率。 （7）运行操作时不得马虎，严格作业规程，保证三级验收。 （8）未得到总工批准、未办理相关手续，严禁破坏或擅自打开设备五防闭锁装置。 （9）联系、指挥环节不发生口误、听误，做到准确率 100%。 （10）穿戴好劳保用品。 （11）会正确使用合格的工器具。 （12）重视电气工作，提高安全意识，增强自身技能水平，不做违章、违规的事情
3	人员精神状态	班组负责人要实时了解人员的精神状态，对酒后上班、睡眠不足、过度疲劳、健康欠佳等人员严禁其执行操作任务
4	电缆沟盖板踏空或踩翻	（1）经常检查各配电室电缆沟盖板，发现问题及时报缺陷处理。 （2）尽量不从盖板上面行走

热力机械操作危险点分析及控制措施见表 3-5。

表 3-5 热力机械操作危险点分析及控制措施

序号	危险点	控制措施
1	机械损伤	(1) 对于设备裸露的转动部分，必须加装防护罩。 (2) 在操作、检修过程中时刻注意，保持与运行设备的安全距离。 (3) 穿戴好个人防护用品，着装正确，扎好袖口衣角，衣服要封扣；女生长发应盘起在安全帽内，不穿裙子，穿着好劳保用品，避免衣物卷入设备内。 (4) 正确掌握转机设备的检查方法与操作方法
2	蒸汽烫伤	(1) 远离蒸汽管道及排汽口。 (2) 学会烫伤自我急救。 (3) 发生意外及时汇报值长并拨打急救电话。 (4) 正确着装、禁止穿短袖衣服。 (5) 正确使用工具。 (6) 操作时需戴手套、掌握正确的操作方法
3	防止衣物绞入转动设备	(1) 巡视时与泵轴承保持距离。 (2) 泵故障停止时，在电源没有断电前勿用手触摸轴承
4	滑跌、碰撞	(1) 巡视操作时有水、冰等容易滑倒的地方要绕行并及时清理。 (2) 巡视、操作时要注意周围环境。 (3) 上下爬梯时扶好扶手
5	人员精神状态	班组负责人要实时了解人员的精神状态，对酒后上班、睡眠不足、过度疲劳、健康欠佳等人员严禁其执行操作任务

整流器室巡视危险点分析及控制措施见表 3-6。

表 3-6　整流器室巡视危险点分析及控制措施

序号	危险点	控制措施
1	整流柜爆炸	（1）人员巡视整流器室要穿戴好防护用品。 （2）与整流柜保持尽量远的巡视距离。 （3）不在整流柜前长时间滞留。 （4）操作尽量在主控室后台机进行，避免就地操作，并严格按照操作规程进行操作，控制好角度，避免发生谐振。 （5）不过负荷运行，不长期满负荷运行。 （6）当觉察到异常情况，立即躲避，保护好自己，待撤离到安全地方后再进行汇报。 （7）整流柜要定期试验检修，运行环境要干净无灰尘，并保持室内温度。 （8）巡视认真，监测好各元件运行温度。 （9）不带金属或导电物品进入整流器室。 （10）加强人员对机组设备的熟知程度
2	触电	（1）核对设备名称及编号，严防误入带电间隔。 （2）保证与带电设备的安全距离：380V（大于 0.7m），10kV（大于 0.7m），35kV（大于 1m），220kV（大于 3m）。 （3）操作人、监护人必须严格遵守自己的安全职责，把好现场作业安全关。 （4）人员状态不佳不允许进行操作或检修作业。 （5）必须在电气设备上进行验电。 （6）保证"两票"的合格率。 （7）操作时不得马虎，严格作业规程，保证三级验收。 （8）未得到总工批准、未办理相关手续，严禁破坏或擅自打开设备五防闭锁装置。 （9）联系、指挥环节不发生口误、听误，做到准确率 100%。 （10）穿戴好劳保用品。 （11）会正确使用合格的工器具。 （12）重视电气工作，提高安全意识，增强自身技能水平，不做违章、违规的事情

第二节 检修车间危险点分析及控制措施

检修车间危险点分析及控制措施如下：

电气一次检修作业危险点分析及控制措施见表3-7。

表3-7 电气一次检修作业危险点分析及控制措施

序号	危险点	控制措施
1	高空坠落	（1）凡是在基准面2m以上（无护栏1.5m）都视为高空作业。 （2）临边：不要靠近临边作业，不要紧靠临边护栏休息、观望。 （3）洞口：要远离高空作业面的洞口作业，洞口周围设置围栏、围板。 （4）攀登：高空作业攀爬楼梯、竖梯，两手不要同时抓住一个梯节，脚下站稳。 （5）悬空：使用升降车进行马路照明检修作业前，要首先检查升降车的安全状况，高空作业系好安全带，上下配合好，防止高空坠落。 （6）交叉作业：如果在高空作业区域内发生交叉作业时，要搭设安全隔离平台，装设安全防护网，设置专人监护、沟通、协调。 （7）高空作业系好安全带，设置专人扶好梯子，精力集中，防止手脚打滑，踩空坠落。 （8）环境气候：在五级以上的大风天气或者在雨雪、雷雨天气状况下禁止高空作业。 （9）高空作业的安全带要高挂低用，要挂在牢固的构件上，不要挂在临时管道、电线上
2	触电	（1）核对设备名称及编号；不要误入带电间隔（不要随意破坏五防闭锁）。 （2）要停电、验电、装设接地线充分放电。 （3）高压电机检修拆开的负荷线三相短路接地。

续表 3-7

序号	危险点	控制措施
2	触电	（4）低压设备检修尽量避免带电作业，停电、验电并悬挂标示牌。 （5）变电站区域设备检修要注意带电安全距离：380V（大于 0.35m），10kV（大于 0.7m），35kV（大于 1m），220kV（大于 3m）。 （6）从事电气设备检修作业，一定要穿好绝缘鞋，劳保用品穿戴齐全。 （7）要认识安全电压（36V、24V、12V、6V）、安全电流（JL10mA/ZL50mA）、跨步电压（4m、8m）。 （8）防止跨步触电、防止单相触电、防止两相触电、防止雷击触电。 （9）电气设备检修开工前，先核对安全措施，与带电部位完全隔离，有明显的断开点；落实安全措施，现场安全技术交底后再开工。 （10）非工作班成员禁止参加工作，杜绝无票作业。 （11）作业中要注意与带电设备保持安全距离，防止误碰带电体、误送电。 （12）防止触碰漏电设备。 （13）禁止使用漏电的电动工器具、无漏保的线盘。 （14）技改、安装电气设备要有经过论证审批的施工方案并符合安全原则。 （15）停电、验电，明确带电部位，与带电部位保持安全距离，仔细核对安全措施
3	起重伤害	（1）从事起重作业人员要经过培训、考试合格，起重作业是特种作业，首先是持证上岗。 （2）起重作业要设置专人指挥、专人监护、专职司机，设置禁戒区域，设置围栏，悬挂“起重作业，禁止进入”的标示牌。 （3）正确使用经过校验合格、完好的起重工器具。 （4）要严格执行起重作业规程，当被起重物体离开地面 20cm 以后要悬停 5min，严禁在起重物体下穿行、停留、作业，严禁站在吊臂下。

续表 3-7

序号	危险点	控制措施
3	起重伤害	(5) 从事起重作业人员要年满 18 周岁，无妨碍起重作业的疾病。 (6) 视力、听力正常，懂手势、旗语，吊点正确，司索牢固。 (7) 严格执行起重作业规程，制订起重作业方案，落实安全措施。 (8) 起重设备严禁带病运行，指挥人员要指挥得当、判断正确，严禁超载。 (9) 起重作业吊物不能跨越正在运行的设备。 (10) 在高压线下起重作业，要设置专人协调监护、专人指挥。 (11) 防止起重作业机械突然停电，要正确操作，设备开关归零，不得切掉设备保护装置。 (12) 易燃易爆、腐蚀酸碱物品不得起吊。 (13) 大风、雨雪、大雾天气不起吊。 (14) 牢记起重作业规定的“十不吊”
4	煤气伤害	(1) 注意煤气作业区域设备检修要使用防爆工具。 (2) 防止交叉作业，注意运行、机务检修操作打开人孔门。 (3) 煤气区域设备检修佩戴好煤气检测仪，核对、落实安全措施。 (4) 动火要开具动火工作票
5	酸碱伤害	(1) 在有酸碱滴漏的氧化铝运行车间巡检、检修高压电机，要积极躲避酸碱滴漏点，戴好护目镜。 (2) 了解氧化铝运行车间的清水位置、硼酸放置点
6	机械伤害	(1) 高压电机巡检、检测电机时，与转动部位保持安全距离。 (2) 机械设备的保护闭锁。 (3) 与转动的设备设置安全防护栏、防护罩。 (4) 炭素区域的配电设备停送电时一定要小心

续表 3-7

序号	危险点	控 制 措 施
7	高温烫伤	（1）在电机检修作业中，装卸加温后的对轮轴承戴好防烫伤手套，防止烫伤。 （2）检修带高温的设备时，首先断开电源、气源，冷却检修设备后再进行工作
8	粉尘伤害	（1）进入粉尘工作场所、车间，要戴好防尘口罩。 （2）在氧化铝区域工作、行走要佩戴好护目镜和防尘口罩
9	车辆伤害	（1）要随时观察周围动态，如车间吊车、铲车的运行，远离运行车辆。 （2）走人行辅道，不要在机动车道上行走。 （3）穿越道路一定要左右查看，有足够的安全距离时再通过，不可强行穿越
10	交通伤害	（1）步行靠右侧，两人成行三人成列。 （2）在交叉路口，要一等、二看、三通过。 （3）骑车遵守《道路交通法》和厂区的《交通法规》，见到大车注意避让
11	噪声伤害	进入有噪声的空压站车间进行检修工作时，首先要佩戴耳塞，尽量缩短检修时间
12	受限作业伤害	（1）正确判断检修设备受限作业级别，开出受限作业许可证，核对运行人员所做的安全措施是否正确、完备。 （2）设置 2 人专职监护，尽量减少作业人数，缩短检修时间
13	误碰误动	进入配电室工作现场禁止误动、误碰与工作无关的设备
14	走错间隔	工作前认真核对设备名称和编号

电气二次检修作业危险点分析及控制措施见表 3-8。

表 3-8 电气二次检修作业危险点分析及控制措施

序号	危险点	控制措施
1	触电	（1）核对设备名称及编号，严防误碰其他带电设备及开关电源。 （2）操作监护人、工作负责人必须严格遵守自己的安全职责，把好现场作业安全关。 （3）人员状态不佳不允许进行操作或检修作业。 （4）必须在电气设备上进行验电。 （5）必须在规定的电源箱端子上接线，严禁随意挂接。 （6）检修作业时不得马虎，严格作业规程，保证三级验收。 （7）正确使用合格的工器具，所用工具必须进行外观绝缘检查、工作人员必须穿绝缘鞋
2	机械伤害	（1）使用的电动工器具要有检验合格证，现场外观检查无破损且试运正常。 （2）加强人员对机组设备的熟知程度
3	高空坠落	（1）选择适当的工作位置，并系好安全带。 （2）栏杆、孔洞或者电缆桥架上工作必要时设置监护人。 （3）安全带避免低挂高用
4	粉尘伤害	进入现场尤其是氧化铝区域佩戴好防尘口罩
5	酸碱灼伤	（1）必须穿戴好防酸碱的劳保用品（胶皮手套、护目镜、口罩）。 （2）酸碱液溅到皮肤上应用大量清水冲洗
6	车辆伤害	（1）在厂区道路行走，要随时观察周围动态，注意工艺车辆，保持安全距离，尤其是在穿越电解厂房的时候，一定要更加注意，避免车辆碰伤。 （2）步行靠右侧，两人成行三人成列走人行辅道。 （3）穿越道路一定要左右查看，有足够的安全距离时再通过，不可强行穿越，注意避让。 （4）机动车辆应在厂区保持不高于 30km/h 的速度，自行车行驶也应该低速行驶

续表 3-8

序号	危险点	控制措施
7	走错间隔误碰运行设备	（1）工作前检查运行人员所做安全措施是否完备，工作地点放置“在此工作”的标示牌，工作中加强监护，严防走错间隔。 （2）认真核对设备编号
8	有直流回路短路或接地	（1）端子排上正、负电及跳合闸回路用胶布包好。 （2）正确使用万用表验电
9	微机保护有带电插拔插件及静电感应损坏集成芯片	装置断电后方可插拔插件，工作中戴线手套
10	PT 回路短路、CT 回路开路	（1）检修工作结束后认真复查电流电压回路。 （2）有专人监护，并在作业指导书确认复查人
11	发生误整定、误接线、误触碰	（1）工作中要集中精力，认真按规程要求工作。 （2）应有防止联跳回路误动的安全措施。 （3）认清设备位置，严防误碰其他运行设备。 （4）拆、接线时一定要按照记录工作，严防凭记忆工作。 （5）定值校验要与最新定制单核对正确
12	TA 接线错误	认真执行继电保护安全措施票，在监护人的监护下，核对应临时断开回路和线头，做到拆一个用绝缘物包好一个，并做好执行的标志，恢复时仍需逐个进行
13	仪器、仪表损坏	（1）正确使用仪器仪表。 （2）使用前核对好仪表量程，避免超量程使用

续表 3-8

序号	危险点	控制措施
14	保护误动	（1）保护的联调回路应有防止误动的安全措施。 （2）差动保护应测差回路电流和不平衡电压，并用负荷电流和工作电压来检验其接线的正确性
15	视力疲劳	在电脑旁办公时，一定要与电脑屏幕保持一定距离，适当时间应向远处眺望片刻，以缓解眼睛疲劳
16	煤气中毒	进入工作现场佩戴好一氧化碳监测仪
17	二次回路变动，留有寄生回路	二次回路变动时，严防寄生回路存在，没用的线应拆除，临时所垫纸片应取出，接好已拆下的线头
18	误跳开关	在一次设备运行而停部分保护工作时，应特别注意断开不经连接片的跳、合闸线圈及与运行设备有关的连线

高压试验专业检修作业危险点分析及控制措施见表 3-9。

表 3-9 高压试验专业检修作业危险点分析及控制措施

序号	危险点	控制措施
1	（1）人员触电	①正确核对带电设备、带电间隔。 ②严禁擅自解五防闭锁。 ③设置安全警戒线，保持与耐压试验设备的安全距离
	（2）走错间隔	正确按照工作票内容核对安全措施，工作负责人实时监督工作内容
	（3）残余电荷伤害	设置安全接地线，使设备充分放电
	（4）绊倒伤人	出入高、低压配电室搬用仪器时，应当提前把门前挡鼠板取出，放置安全位置，工作完毕后恢复原位置

续表 3-9

序号	危险点	控制措施
1	(5) 感应电伤害	正确穿戴好劳动保护用品，做好临时接地工作
	(6) 交叉作业	正确穿戴好个人劳动保护用品，避免交叉作业、做好人员监护
	(7) 异物遗留在设备内	回装前应及时清点工器具
2	(1) 人员触电	①正确核对带电设备、带电间隔。 ②设置安全警戒线，保持与耐压试验设备的安全距离
	(2) 走错间隔	①严禁擅自解除五防闭锁。 ②正确按照工作票内容核对安全措施，工作负责人实时监督工作内容
	(3) 交叉作业	避免交叉作业，在进行电缆耐压试验时，电缆两个端头应设专人监护
	(4) 残余电荷伤害	设置安全接地线，使设备充分放电
3	(1) 人员触电	①正确核对带电设备、带电间隔。 ②正确按照工作票内容核对安全措施，工作负责人实时监督工作内容
	(2) 走错间隔	工作负责人、工作班成员均需正确核对工作票所列安全措施完备
	(3) 误碰误动	进入工作现场禁止误动误碰与工作无关的设备
4	(1) 人员触电	正确核对带电设备、带电间隔
	(2) 走错间隔	正确按照工作票内容核对安全措施，工作负责人实时监督工作内容

续表 3-9

序号	危险点	控制措施
4	(3) 机械伤害	进入工作现场与转动设备保持安全距离
	(4) 噪声伤害	进入生产现场正确佩戴好个人劳动保护用品、戴好耳塞
	(5) 高处坠落	高处作业必须系好安全带，设专人扶好梯子
	(6) 煤气中毒	佩戴复合式气体检测仪、做好通风、专人监护
	(7) 粉尘伤害	佩戴防尘口罩、做好劳动保护
	(8) 碱液伤害	正确穿戴好劳动保护用品，戴好护目镜
	(9) 残余电荷伤害	正确穿戴好劳动保护用品，做好临时接地工作
5	(1) 人员触电	①正确核对带电设备、带电间隔。 ②正确按照工作票内容核对安全措施，工作负责人实时监督工作内容。 ③验电、明确带电部位与带电部分保持安全距离
	(2) 走错间隔	设置安全接地线，使设备充分放电
	(3) 工器具遗漏	工作完毕后认真检查工器具数量，确保工器具数量准确无误
	(4) 粉尘伤害	佩戴防尘口罩、做好劳动保护
	(5) 感应电伤害	正确穿戴好劳动保护用品，做好临时接地工作
6	(1) 人员触电	正确核对带电设备、带电间隔
	(2) 走错间隔	正确按照工作票内容核对安全措施，工作负责人实时监督工作内容

续表 3-9

序号	危险点	控制措施
6	（3）残余电荷伤害	试验前后对试验设备充分放电
	（4）高空坠落	高处作业必须系好安全带，设专人扶好梯子
	（5）落物伤人	检查检修区域上方和周围有无高空落物的危险
	（6）绊倒伤人	出入高、低压配电室搬用仪器时，应当提前把门前挡鼠板取出，放置安全位置，工作完毕后恢复原位置
	（7）感应电伤害	正确穿戴好劳动保护用品，做好临时接地工作
	（8）粉尘伤害	佩戴防尘口罩、做好劳动保护
	（9）起重伤害	使用合格的起重工机具、严格执行起重的有关条款
	（10）交叉作业	正确穿戴好个人劳动保护用品，避免交叉作业、做好人员监护
	（11）SF6 气体伤害	室内工作，须在工作前开启强力通风装置，戴好防护用品
	（12）异物遗留在设备内	回装前应及时清点工器具
	（13）滑跌、碰撞	现场油污应及时清除干净
	（14）人员精神状态不佳	工作班（组）长或工作负责人要观察、了解成员精神状态，对酒后上班、睡眠不足、过度劳累、健康欠佳等成员严禁进入工作现场

续表 3-9

序号	危险点	控制措施
6	（15）车辆伤害	在厂区行走或车间检修作业时，要注意周围环境，积极躲避来往车辆，防止工艺车辆碰撞伤

程控专业检修作业危险点分析及控制措施见表 3-10。

表 3-10 程控专业检修作业危险点分析及控制措施

序号	危险点	控制措施
1	插件损坏	（1）工作人员与监护人必须核对更换位置及插件型号是否正确。 （2）确证新插件设置地址与原插件一致。 （3）工作人员应戴防静电护腕
2	误动误碰	工作时严禁误碰与工作无关的设备
3	走错间隔	认真核对设备编号，确认后开始工作
4	数据丢失	工作前做好数据备份
5	电子干扰	进入控制室关闭通讯设备
6	信号误发	工作负责人与工作人员需共同确认设备编号、位置
7	人身触电	工作时验明设备带电等级，与带电设备保持安全距离
8	误改逻辑	（1）必须有监护人监护。 （2）开工前确定修改方案
9	线路损坏	轻轻地清扫控制线、接线端子及继电器
10	设备误动	（1）工作负责人和工作人员必须共同确认所加信号编码、位置。 （2）加信号时先接信号端，后接电源端；去信号时先去电源端，后去信号端

续表 3-10

序号	危险点	控制措施
11	保护误动	(1) 必须由执行人、监护人共同确认所退信号编码。 (2) 必须确定该信号恢复正常后方可投入
12	夜间巡视	(1) 必须由两人进行，并带好手电等照明设备。 (2) 各配电室照明必须充足。 (3) 禁止在无照明或昏暗的场所进行操作
13	雨天巡视设备	(1) 穿好绝缘雨衣、绝缘靴。 (2) 与带电设备的安全距离增大，以防止触电。 (3) 不在杆塔、屋檐或大型电器设备旁停留
14	冬天巡视	(1) 注意个人保暖。 (2) 注意防滑
15	火灾和爆炸	(1) 戴好面具，防中毒。 (2) 进入煤气站严禁吸烟或携带火种。 (3) 防止产生静电引起火灾和爆炸。 (4) 吸烟人群在固定地方吸烟，禁止流动吸烟，禁止在易燃易爆处吸烟，人人学会使用消防工器具，人人做厂区的消防员。 (5) 头脑清醒，先停电，再灭火，保障人员安全的同时保障其他正常设备的安全运行
16	滑跌、碰撞	(1) 巡视操作时有水、冰等容易滑倒的地方要绕行并及时清理。 (2) 巡视操作时要注意周围环境。 (3) 上下爬梯时扶好扶手

仪表专业检修作业危险点分析及控制措施见表 3-11。

表 3-11 仪表专业检修作业危险点分析及控制措施

序号	危险点	控制措施
1	机械伤害	(1) 使用的电动工器具要有检验合格证，现场外观检查无破损且试运正常。 (2) 给煤机、定量给料机、加压机试转时，要通告人员全部离开转动设备处，手不能触摸运行中的设备。 (3) 使用磨光机、砂轮机时工作人员应戴好防护眼镜。 (4) 加强人员对机组设备的熟知程度
2	触电	(1) 核对设备名称及编号，严防误碰其他带电设备及开关电源。 (2) 工作负责人必须严格遵守自己的安全职责，把好现场作业安全关。 (3) 人员状态不佳不允许进行操作或检修作业。 (4) 必须在电气设备上进行验电。 (5) 必须在规定的电源箱端子上接线，严禁随意挂接。 (6) 检修作业时不得马虎，严格作业规程，保证三级验收。 (7) 正确使用合格的工器具，所用工具必须进行外观绝缘检查、工作人员必须穿绝缘鞋
3	高空坠落	(1) 人员站在设备上工作时选择适当的工作位置站立，并挂好安全带。 (2) 栏杆平台楼梯和割开的孔洞处检修设备，必要时设立专人监护。 (3) 高空作业不准上下抛掷工器具、物件。 (4) 多人作业时，避免多条安全带挂于同一地点，安全带不能低挂高用
4	粉尘伤害	正确佩戴好防护口罩

续表 3-11

序号	危险点	控制措施
5	酸碱灼伤	（1）必须穿戴好防酸碱的劳保用品（胶皮手套、护目镜、口罩）。 （2）酸碱液溅到皮肤上应用大量清水冲洗。 （3）禁止拆卸管道上装置的仪表。 （4）酸碱系统检修时应将系统可靠切断，并排掉系统内的酸碱，同时用水将有关设备、管道冲洗干净
6	烧伤、烫伤	（1）开工前检查一、二次门严密性。 （2）开工前对仪表中残余压力进行泄压。 （3）工作时严禁面对泄压孔。 （4）必须戴手套，穿长袖衣服。 （5）检修工作结束后，检查渗漏情况
7	车辆伤害	（1）在厂区道路行走，要随时观察周围动态，注意工艺车辆，保持安全距离，尤其是在穿越电解厂房的时候，一定要更加注意，避免车辆碰伤。 （2）步行靠右侧，两人成行三人成列走人行辅道，不要在机动车道上行走。 （3）穿越道路一定要左右查看，有足够的安全距离时再通过，不可强行穿越，注意避让。 （4）驾驶升降车时必须按照厂区时速行驶，注意避让，并按照交通法规执行，不得做与工作无关的事情
8	厂区粉尘污染伤害	由于公司生产性质，厂区内的粉尘污染较为严重，员工尽量佩戴防护口罩，带防护眼镜，下班后及时洗澡，尤其是在污染较为严重的生产厂房作业，必须佩带防尘劳保，作业结束后及时进行清洗
9	高空管道漏液	（1）远离物料管道行走。 （2）不在管道下方长时间滞留或工作。 （3）发现管道漏液及时汇报值长

续表 3-11

序号	危险点	控制措施
10	误动误碰误整定	(1) 进入工作现场禁止误动误碰与工作无关的设备。 (2) 工作负责人做好现场交底和现场监护。 (3) 熟悉作业现场环境，核对好设备名称及编号。 (4) 检修工作开始前确认作业范围。 (5) 熟悉设备系统及工艺流程。 (6) 仪表参数设置严格按照说明书及生产定值进行。 (7) 仪表参数设置不能单人操作，必须设监护人确认

核仪表维护危险点分析及控制措施见表 3-12。

表 3-12 核仪表维护危险点分析及控制措施

序号	危险点	控制措施
1	人员精神状态不佳	工作班组长或工作负责人要观察、了解成员精神状态，对酒后上班、睡眠不足、过度劳累、健康欠佳等人员严禁其进入工作现场
2	氧化铝区域核仪表设备巡检、标定、检修时粉尘伤害	(1) 尽量避免或减少在粉尘区域工作。 (2) 尽量减少在粉尘区域的工作时间。 (3) 在粉尘区域工作时必须佩戴防尘口罩
3	氧化铝区域核仪表设备巡检时，小心高空落物	戴好安全帽，观察周围环境，尽可能绕开有坠落物可能的区域
4	氧化铝区域核仪表设备检修时，小心高处坠落	(1) 高空作业时必须系挂好安全带。 (2) 安全带必须高挂低用。 (3) 所需的工具及其他物品不许高抛，必须用绳子和工具袋传递以免坠落伤人。 (4) 必须使用合格的脚手架。 (5) 高处作业下方要用警戒带隔离现场，以防落物伤人

续表 3-12

序号	危险点	控制措施
5	氧化铝区域核仪表设备巡检、检修时，注意核源辐射伤害	（1）工作中要佩带个人辐射剂量报警仪，实时进行辐射剂量监测，严禁在超剂量的环境下工作。 （2）若超过剂量时，要用警戒带隔离现场，穿戴好辐射防护服，利用辐射防护物质（铅板等）进行防护。 （3）在放射源拆除、安装过程中，要设工作管理区域；要用剂量仪检测确认放射源关闭后方可开始工作
6	氧化铝区域核仪表设备巡检、标定、检修时，防止碱灼伤	（1）正确穿戴劳保用品。 （2）明确酸碱部位。 （3）明确洗眼器及硼酸摆放位置。 （4）取样时必须由岗位值班人员开启阀门，非工作人员不得乱动阀门
7	氧化铝区域核仪表设备标定、检修时，防止误碰误动	（1）工作前必须按规定认真核对设备名称、编号。 （2）工作时严禁误碰与工作无关的设备

烟气在线维护危险点分析及控制措施见表 3-13。

表 3-13　烟气在线维护危险点分析及控制措施

序号	危险点	控制措施
1	触电	（1）核对设备名称及编号，严防误碰其他带电设备及开关电源。 （2）工作负责人必须严格遵守自己的安全职责，把好现场作业安全关。 （3）人员状态不佳不允许进行操作或检修作业。 （4）必须在电气设备上进行验电。 （5）必须在规定的电源箱端子上接线，严禁随意挂接。

续表 3-13

序号	危险点	控制措施
1	触电	(6) 检修作业时不得马虎，严格作业规程，保证三级验收。 (7) 正确使用合格的工器具，所用工具必须进行外观绝缘检查、工作人员必须穿绝缘鞋
2	高空坠落	(1) 人员站在设备上工作时选择适当的工作位置站立，并挂好安全带。 (2) 栏杆平台楼梯和割开的孔洞处检修设备，必要时设立专人监护。 (3) 高空作业不准上下抛掷工器具、物件。 (4) 多人作业时，避免多条安全带挂于同一地点，安全带不能低挂高用
3	粉尘伤害	正确佩戴好防护口罩
4	烫伤	(1) 设备内部温度降至60℃以下，方可开展工作。 (2) 必须戴手套，穿长袖衣服。 (3) 作业过程正确执行操作规程
5	车辆伤害	(1) 在厂区道路行走，要随时观察周围动态，注意工艺车辆，保持安全距离，尤其是在穿越电解厂房的时候，一定要更加注意，避免车辆碰伤。 (2) 步行靠右侧，两人成行三人成列走人行辅道，不要在机动车道上行走。 (3) 穿越道路一定要左右查看，有足够的安全距离时再通过，不可强行穿越，注意避让
6	夜间巡视	(1) 必须由两人进行，并带好手电等照明设备。 (2) 各配电室照明必须充足。 (3) 禁止在无照明或昏暗的场所进行操作

续表 3-13

序号	危险点	控制措施
7	雨天巡视设备	（1）穿好绝缘雨衣、绝缘靴。 （2）与带电设备的安全距离增大，以防止触电。 （3）不在杆塔、屋檐或大型电器设备旁停留
8	冬天巡视	（1）注意个人保暖。 （2）注意防滑
9	高处落物	（1）高处作业应使用工具袋，绳子绑牢传递工具。 （2）禁止在起吊物下行走，检查检修区域上方和周围无高空落物的危险。 （3）工作人员应戴好、系好安全帽。 （4）工作地点下方应设围栏或警告标示或专人监护及其他防范措施。 （5）随时将设备上工具或杂物清理，以免掉落伤人
10	滑跌、碰撞	（1）巡视操作时有水、冰等容易滑倒的地方要绕行并及时清理。 （2）巡视、操作时要注意周围环境。 （3）上下爬梯时扶好扶手
11	人员精神状态不佳	班组长或工作负责人要观察、了解成员精神状态，对酒后上班、睡眠不足、过度劳累、健康欠佳等人员严禁其进入工作现场
12	设备标定	（1）检查标准气体是否过期。 （2）标定设备时应注意标准气体浓度是否合适

全厂消防维护危险点分析及控制措施见表 3-14。

表 3-14 全厂消防维护危险点分析及控制措施

序号	危险点	控制措施
1	全厂 CO 有毒气体控制器巡检时煤气中毒	巡检时佩戴好便携式 CO 有毒气体探测器，预防煤气中毒
2	氧化铝区域消防设备巡检时粉尘伤害	戴好防尘口罩，预防粉尘伤害
3	全厂进行消防设备巡检时，小心高空落物	戴好安全帽，观察周围环境；尽可能绕开有坠落物可能的区域
4	在卸矿站更换线型感温探测器时，如果皮带在运作状态，小心机械伤害	在工作时，与传输皮带保持距离，以免卷入皮带，造成伤害
5	在配电室更换、吹扫、清理感烟器、线型感温探测器、手动报警按钮、消防电话插孔、消防广播、红外对射时，易发生人身触电	（1）在配电室工作时，穿好绝缘鞋，并与配电柜保持安全距离。 （2）更换消防设备接电源线时，禁止同时接电源线的两端，一定要分别接线，以免发生设备短路、人身触电
6	全厂火灾报警控制器更换打印纸时易发生设备损坏、人身触电	在进行火灾报警控制器更换打印纸时，一定要注意不要误碰控制器内其他电子物体，以免造成设备损坏或者人身触电
7	全厂雨淋阀组进行定期试验时，如操作不当，容易发生设备误喷	在做雨淋阀组定期试验时，一定要按照操作步骤一项一项来，遵守各类操作规定，以免发生误喷水，造成设备损坏
8	在进行七氟丙烷气体灭火系统回路传动时，如措施没有做好，容易发生气体误喷	在做七氟丙烷气体灭火系统回路传动试验时，一定要将驱动瓶电磁阀信号线摘开，以免启动驱动瓶，发生七氟丙烷气体误喷事故

续表 3-14

序号	危险点	控制措施
9	进行七氟丙烷气体灭火系统钢瓶压力测试时，容易发生七氟丙烷气体泄漏	在进行七氟丙烷气体灭火系统钢瓶压力测试时，一定要将排气阀门拧紧，以免发生气体泄漏
10	进行排油注氮防爆灭火系统试验时，发生变压器油泄漏	在进行排油注氮防爆灭火系统试验时，一定要将排油注氮防爆灭火系统输油管道阀门关闭，避免在试验时导致油泄漏
11	进行排油注氮防爆灭火系统试验时，发生人身触电	在短接排油注氮防爆灭火系统操作柜后的端子排时，一定与端子排的其他端子保持距离并穿好绝缘鞋，以免发生人身触电
12	在进行同类型消防设备检修、维护时，走错间隔	在检修、维护同类型的消防设备时，一定要仔细看好消防设备的名称、编号、位置，以免走错间隔

第四章

炭素分厂危险点分析和控制措施

第一节 煅烧车间危险点分析及控制措施

煅烧车间危险点分析及控制措施如下：

原料天车作业危险点分析及控制措施见表4–1。

表4–1 原料天车作业危险点分析及控制措施

序号	危险点	控制措施
1	人员思想状况不稳	工作班（组）长或工作负责人要和言行、情绪表现非正常状况的人员进行沟通、谈心，帮助其消除或平息思想上的不正常波动，使其保持良好的工作态度，否则该人员不能进入现场参加操作
2	人员精神状态不佳	工作班（组）长或工作负责人要观察、了解人员精神状态，对酒后上班、睡眠不足、过度劳累、健康欠佳等人员严禁其进入工作现场
3	人员对设备不熟悉	对天车结构、设备说明书、运行规程等进行学习掌握，考核合格后方可上岗操作
4	设备存在缺陷	通知设备检修、维护部门对设备进行消缺，设备消缺后方可对设备进行操作
5	上下天车、检查、清扫天车卫生	（1）上下天车时扶好楼梯护栏，站稳扶好，防止坠落。 （2）必须穿戴好劳动保护用品。 （3）在天车上检查或清扫卫生时要抓紧护栏

续表 4-1

序号	危险点	控制措施
6	天车行走、作业、起吊物品	（1）天车作业前对夹具、吊具及钢丝绳、安全装置进行检查。 （2）天车行走时，天车下方禁止有人作业，天车走安全通道。 （3）与吊物保持安全距离，不在吊物下停留或察看。 （4）按规程操作，不违章操作
7	天车抓斗、副钩起吊高度不够	（1）天车抓斗、副钩起吊必须达到安全高度。 （2）严格按操作规程操作，不违章操作
8	钢丝绳断裂或绳卡损坏	（1）天车作业前对钢丝绳进行检查。 （2）钢丝绳异常时通知检修人员进行消缺，消缺确认后方可操作
9	电器短路	定期对设备进行吹灰、紧线
10	指挥不当或操作失误	精心指挥、精心操作
11	交叉作业	（1）作业时注意下方交叉作业人员，天车过往响铃示警。 （2）与地面人员配合作业时需确认地面人员安全后方可进行操作

原料破碎及转运作业危险点分析及控制措施见表 4-2。

表 4-2 原料破碎及转运作业危险点分析及控制措施

序号	危险点	控制措施
1	人员思想状况不稳	工作班（组）长或工作负责人要和言行、情绪表现非正常状况的人员进行沟通、谈心，帮助其消除或平息思想上的不正常波动，使其保持良好的工作态度，否则该人员不能进入现场参加操作

续表 4-2

序号	危险点	控制措施
2	人员精神状态不佳	工作班（组）长或工作负责人要观察、了解人员精神状态，对酒后上班、睡眠不足、过度劳累、健康欠佳等人员严禁其进入工作现场
3	人员对设备不熟悉	对设备结构、设备说明书、运行规程等进行学习掌握，考核合格后方可上岗操作
4	设备存在缺陷	通知设备检修、维护部门对设备进行消缺，设备消缺后方可对设备进行操作
5	上下楼梯	（1）上下楼梯时扶好楼梯护栏，站稳扶好，防止坠落。 （2）必须穿戴好劳动保护用品。 （3）清扫卫生时要抓紧护栏
6	电机对轮	（1）检查防护装置是否完好。 （2）按规程操作，不违章操作
7	传动皮带	（1）检查防护装置是否完好。 （2）按规程操作，不违章操作
8	配电箱、控制柜和电缆桥架	（1）及时关闭配电箱、控制柜门和桥架电缆盖板。 （2）发现电源体裸露、电线老化及时通知检修人员进行消缺，防止触电。 （3）定期对设备进行吹灰、紧线
9	传动系统	（1）检查防护装置是否完好。 （2）按规程操作，不违章操作
10	破碎机	（1）检查防护装置是否完好。 （2）按规程操作，不违章操作
11	提升机、料斗、皮带	（1）检查防护装置是否完好。 （2）按规程操作，不违章操作

煅烧炉作业危险点分析及控制措施见表4-3。

表4-3 煅烧炉作业危险点分析及控制措施

序号	危险点	控制措施
1	人员思想状况不稳	工作班（组）长或工作负责人要和言行、情绪表现非正常状况的人员进行沟通、谈心，帮助其消除或平息思想上的不正常波动，使其保持良好的工作态度，否则该人员不能进入现场参加操作
2	人员精神状态不佳	工作班（组）长或工作负责人要观察、了解人员精神状态，对酒后上班、睡眠不足、过度劳累、健康欠佳等人员严禁其进入工作现场
3	人员对炉体不熟悉	对炉体结构、运行规程等进行学习掌握，考核合格后方可上岗操作
4	设备存在缺陷	通知检修、维护部门对设备进行消缺，设备消缺后方可对设备进行操作
5	上下楼梯	（1）上下楼梯时扶好楼梯护栏，站稳扶好，防止坠落。 （2）必须穿戴好劳动保护用品。 （3）作业时要抓紧护栏
6	煅烧炉突然停水	（1）熟练掌握应急预案。 （2）严格按操作规程作业，不违章操作
7	煅烧炉突然停电	（1）熟练掌握应急预案。 （2）严格按操作规程作业，不违章操作
8	煅烧炉料渣飞溅	（1）穿戴好劳动保护用品。 （2）进行清炉作业时戴防护罩、劳保手套等，要有监护人。 （3）与作业无关人员要远离作业地点。 （4）严格按操作规程作业，不违章操作

续表 4-3

序号	危险点	控制措施
9	煅烧炉高温	（1）穿戴好劳动保护用品。 （2）严格按操作规程作业，不违章操作
10	煅烧炉机械传动故障	（1）做好设备的维护保养工作。 （2）严格按操作规程作业，不违章操作。 （3）设备出现故障时，及时通知检修、维护部门进行设备消缺。 （4）严格按操作规程作业，不违章操作
11	煅烧炉线路、电气设备漏电	（1）穿戴好劳动保护用品。 （2）定期对设备进行吹灰、紧线、检查。 （3）发现电源体裸露、电线老化及时通知检修人员进行消缺，防止触电
12	煅烧炉高空作业	（1）护栏、扶手等安全设施齐全且坚固。 （2）严格按规程操作，不违章作业

煅烧炉余热利用作业危险点分析及控制措施见表 4-4。

表 4-4 煅烧炉余热利用作业危险点分析及控制措施

序号	危险点	控制措施
1	人员思想状况不稳	工作班（组）长或工作负责人要和言行、情绪表现非正常状况的人员进行沟通、谈心，帮助其消除或平息思想上的不正常波动，使其保持良好的工作态度，否则该人员不能进入现场参加操作
2	人员精神状态不佳	工作班（组）长或工作负责人要观察、了解人员精神状态，对酒后上班、睡眠不足、过度劳累、健康欠佳等人员严禁其进入工作现场
3	人员对设备不熟悉	对设备结构、运行规程等进行学习掌握，考核合格后方可上岗操作

续表 4-4

序号	危险点	控制措施
4	设备存在缺陷	通知检修、维护部门对设备进行消缺，设备消缺后方可对设备进行操作
5	余热炉	（1）穿戴好劳动保护用品。 （2）悬挂警示牌，确认消防设施、工器具齐全。 （3）温度、压力等工艺参数符合要求。 （4）对设备进行巡视、检查。 （5）熟练掌握应急预案。 （6）按规程操作，不违章操作
6	蒸汽发生器	（1）穿戴好劳动保护用品。 （2）悬挂警示牌，确认消防设施、工器具齐全。 （3）温度、压力等工艺参数符合要求。 （4）对设备进行巡视、检查。 （5）熟练掌握应急预案。 （6）按规程操作，不违章操作
7	导热油输送及管道、水泵、蒸汽管道	（1）电机防护罩等安全设施齐全。 （2）穿戴好劳动保护用品。 （3）悬挂警示牌，确认消防设施、工器具齐全。 （4）对设备进行巡视、检查。 （5）导热油、蒸汽温度、压力等符合工艺要求。 （6）按规程操作，不违章操作
8	蒸汽发生器缺水干烧	（1）对设备进行巡视、检查。 （2）熟练掌握应急预案。 （3）按规程操作，不违章操作
9	蒸汽发生器突然停水	（1）熟练掌握应急预案。 （2）按规程操作，不违章操作
10	余热炉、蒸汽发生器突然停电	（1）熟练掌握应急预案。 （2）按规程操作，不违章操作

续表 4-4

序号	危险点	控制措施
11	安全阀不灵敏	（1）定期对安全阀进行校验。 （2）定期进行安全检查
12	余热炉电气线路打火、漏电	（1）穿戴好劳动保护用品。 （2）定期进行安全检查。 （3）发现电源体裸露、电线老化及时通知检修人员进行消缺。 （4）确认消防设施、工器具齐全
13	化学药品	（1）穿戴好劳动保护用品。 （2）按规程操作，不违章操作

第二节 成型车间危险点分析及控制措施

成型车间危险点分析及控制措施如下：

沥青加料作业危险点分析及控制措施见表 4-5。

表 4-5 沥青加料作业危险点分析及控制措施

序号	危险点	控制措施
1	人员思想状况不稳	工作班（组）长或工作负责人要和言行、情绪表现非正常状况的人员进行沟通、谈心，帮助其消除或平息思想上的不正常波动，使其保持良好的工作态度，否则该人员不能进入现场参加操作
2	人员精神状态不佳	工作班（组）长或工作负责人要观察、了解人员精神状态，对酒后上班、睡眠不足、过度劳累、健康欠佳等人员严禁其进入工作现场
3	人员对设备不熟悉	对设备结构、运行规程等进行学习掌握，考核合格后方可上岗操作

续表 4-5

序号	危险点	控制措施
4	设备存在缺陷	通知检修、维护部门对设备进行消缺，设备消缺后方可对设备进行操作
5	作业区的沥青粉尘	（1）穿戴好劳动保护用品。 （2）涂抹沥青防护用品、戴防尘口罩
6	上下楼梯	（1）上下楼梯时扶好楼梯护栏，站稳扶好，防止坠落。 （2）必须穿戴好劳动保护用品。 （3）作业时要抓紧护栏，对护栏要进行安全检查，防止开焊
7	破碎机、斗提机、运输机	（1）安全防护罩等安全防护装置齐全、完好。 （2）按规程操作，不违章操作

沥青熔化作业危险点分析及控制措施见表 4-6。

表 4-6 沥青熔化作业危险点分析及控制措施

序号	危险点	控制措施
1	人员思想状况不稳	工作班（组）长或工作负责人要和言行、情绪表现非正常状况的人员进行沟通、谈心，帮助其消除或平息思想上的不正常波动，使其保持良好的工作态度，否则该人员不能进入现场参加操作
2	人员精神状态不佳	工作班（组）长或工作负责人要观察、了解人员精神状态，对酒后上班、睡眠不足、过度劳累、健康欠佳等人员严禁其进入工作现场
3	人员对设备不熟悉	对设备结构、运行规程等进行学习掌握，考核合格后方可上岗操作

续表 4-6

序号	危险点	控制措施
4	设备存在缺陷	通知检修、维护部门对设备进行消缺，设备消缺后方可对设备进行操作
5	沥青烟气	（1）穿戴好劳动保护用品。 （2）涂抹沥青防护用品、戴防尘口罩。 （3）现场通风良好。 （4）按规程作业，不违章操作
6	导热油管道及阀门	（1）悬挂警示牌，确认消防设施、工器具齐全。 （2）现场不存放易燃、易爆品，保证没有明火。 （3）穿戴好劳动保护用品；进行安全检查。 （4）及时对管道及阀门进行消缺。 （5）按规程作业，不违章操作
7	熔化器	（1）悬挂警示牌，确认消防设施、工器具齐全。 （2）现场不存放易燃、易爆品，保证没有明火。 （3）穿戴好劳动保护用品；进行安全检查。 （4）按规程作业，不违章操作
8	油泵、通风机	（1）安全防护罩等安全防护装置齐全、完好。 （2）穿戴好劳动保护用品。 （3）按规程操作，不违章操作
9	上下楼梯、沥青储罐	（1）上下楼梯时扶好楼梯护栏，站稳扶好，攀爬楼梯时要抓紧，防止坠落。 （2）必须穿戴好劳动保护用品。 （3）作业时要抓紧护栏，对护栏要进行安全检查，防止开焊
10	电捕焦油除尘器	（1）上下电捕焦油除尘器楼梯必须穿戴好劳动保护用品（穿绝缘鞋），扶好楼梯护栏。 （2）按规程操作，不违章操作，防止触电

液体沥青卸车作业危险点分析及控制措施见表4-7。

表4-7　液体沥青卸车作业危险点分析及控制措施

序号	危险点	控制措施
1	人员思想状况不稳	工作班（组）长或工作负责人要和言行、情绪表现非正常状况的人员进行沟通、谈心，帮助其消除或平息思想上的不正常波动，使其保持良好的工作态度，否则该人员不能进入现场参加操作
2	人员精神状态不佳	工作班（组）长或工作负责人要观察、了解人员精神状态，对酒后上班、睡眠不足、过度劳累、健康欠佳等人员严禁其进入工作现场
3	人员对设备不熟悉	对设备结构、运行规程等进行学习掌握，考核合格后方可上岗操作
4	设备存在缺陷	通知检修、维护部门对设备进行消缺，设备消缺后方可对设备进行操作
5	高温烫伤	（1）穿戴好劳动保护用品。 （2）戴好防护面罩
6	上下楼梯	（1）上下楼梯时扶好楼梯护栏，站稳扶好，防止坠落。 （2）必须穿戴好劳动保护用品。 （3）作业时要抓紧护栏，对护栏要进行安全检查，防止开焊
7	车辆伤害	沥青罐车行进过程中应远离

中碎筛分磨粉作业危险点分析及控制措施见表4-8。

表 4-8 中碎筛分磨粉作业危险点分析及控制措施

序号	危险点	控制措施
1	人员思想状况不稳	工作班（组）长或工作负责人要和言行、情绪表现非正常状况的人员进行沟通、谈心，帮助其消除或平息思想上的不正常波动，使其保持良好的工作态度，否则该人员不能进入现场参加操作
2	人员精神状态不佳	工作班（组）长或工作负责人要观察、了解人员精神状态，对酒后上班、睡眠不足、过度劳累、健康欠佳等人员严禁其进入工作现场
3	人员对设备不熟悉	对设备结构、运行规程等进行学习掌握，考核合格后方可上岗操作
4	设备存在缺陷	通知检修、维护部门对设备进行消缺，设备消缺后方可对设备进行操作
5	球磨机、筛体及机械传动部位	（1）安全防护罩、防护栏杆等防护装置齐全、完好。 （2）穿戴好劳动保护用品。 （3）按规程操作，不违章操作
6	输送机、斗提机、螺旋输送机、破碎机	（1）安全防护罩、安全盖板、防护栏杆等防护装置齐全、完好。 （2）穿戴好劳动保护用品。 （3）按规程操作，不违章操作
7	粉尘、噪声	（1）穿戴好劳动保护用品。 （2）戴防尘口罩。 （3）戴耳塞
8	控制器、电源线、设备漏电	（1）穿戴好劳动保护用品。 （2）做好安全检查。 （3）定期对设备进行吹灰、紧线。 （4）按规程操作，不违章操作

配料混捏成型作业危险点分析及控制措施见表 4-9。

表 4-9　配料混捏成型作业危险点分析及控制措施

序号	危险点	控制措施
1	人员思想状况不稳	工作班（组）长或工作负责人要和言行、情绪表现非正常状况的人员进行沟通、谈心，帮助其消除或平息思想上的不正常波动，使其保持良好的工作态度，否则该人员不能进入现场参加操作
2	人员精神状态不佳	工作班（组）长或工作负责人要观察、了解人员精神状态，对酒后上班、睡眠不足、过度劳累、健康欠佳等人员严禁其进入工作现场
3	人员对设备不熟悉	对设备结构、运行规程等进行学习掌握，考核合格后方可上岗操作
4	设备存在缺陷	通知检修、维护部门对设备进行消缺，设备消缺后方可对设备进行操作
5	混捏锅、成型机、均温锅及机械传动部位	（1）安全防护罩、防护栏杆等防护装置齐全、完好。 （2）穿戴好劳动保护用品。 （3）重锤下严禁站人或察看。 （4）按规程操作，不违章操作
6	混捏锅、成型机、均温锅	（1）穿戴好劳动保护用品。 （2）进行安全检查，及时消缺。 （3）按规程操作，不违章操作
7	沥青配料秤	（1）穿戴好劳动保护用品。 （2）进行安全检查，及时消缺。 （3）按规程操作，不违章操作

续表 4-9

序号	危险点	控制措施
8	螺旋输送机、鳞板输送机、炭块冷却输送机	（1）安全防护罩、安全盖板、防护栏杆等防护装置齐全、完好。 （2）穿戴好劳动保护用品。 （3）按规程操作，不违章操作
9	粉尘、噪声	（1）穿戴好劳动保护用品。 （2）戴防尘口罩。 （3）戴耳塞
10	控制器、电源线、设备漏电	（1）穿戴好劳动保护用品。 （2）做好安全检查。 （3）定期对设备进行吹灰、紧线。 （4）按规程操作，不违章操作

残极及返回料处理作业危险点分析及控制措施见表 4-10。

表 4-10 残极及返回料处理作业危险点分析及控制措施

序号	危险点	控制措施
1	人员思想状况不稳	工作班（组）长或工作负责人要和言行、情绪表现非正常状况的人员进行沟通、谈心，帮助其消除或平息思想上的不正常波动，使其保持良好的工作态度，否则该人员不能进入现场参加操作
2	人员精神状态不佳	工作班（组）长或工作负责人要观察、了解人员精神状态，对酒后上班、睡眠不足、过度劳累、健康欠佳等人员严禁其进入工作现场
3	人员对设备不熟悉	对设备结构、运行规程等进行学习掌握，考核合格后方可上岗操作

续表 4-10

序号	危险点	控制措施
4	设备存在缺陷	通知检修、维护部门对设备进行消缺，设备消缺后方可对设备进行操作
5	上下天车、检查、清扫天车卫生	（1）上下天车时扶好楼梯护栏，站稳扶好，防止坠落。 （2）必须穿戴好劳动保护用品。 （3）在天车上检查或清扫卫生时要抓紧护栏
6	天车行走、作业、起吊物品	（1）天车作业前对夹具、吊具及钢丝绳、安全装置进行检查。 （2）天车行走时，天车下方禁止有人作业，天车走安全通道。 （3）与吊物保持安全距离，不在吊物下停留或察看。 （4）按规程操作，不违章操作
7	天车抓斗、副钩起吊高度不够	（1）天车抓斗、副钩起吊必须达到安全高度。 （2）严格按操作规程操作，不违章操作
8	钢丝绳断裂或绳卡损坏	天车作业前对钢丝绳进行检查，异常时通知检修人员进行消缺，消缺确认后方可操作
9	电器短路	定期对设备进行吹灰、紧线
10	指挥不当或操作失误	精心指挥、精心操作
11	交叉作业	（1）天车作业时注意下方交叉作业人员，天车过往响铃示警。 （2）与地面人员配合作业时需确认地面人员安全后方可进行操作

续表 4-10

序号	危险点	控制措施
12	液压机、液压站、破碎机及机械传动部位	（1）安全防护罩、防护栏杆等防护装置齐全、完好。 （2）穿戴好劳动保护用品。 （3）按规程操作，不违章操作
13	粉尘、噪声	（1）穿戴好劳动保护用品。 （2）戴防尘口罩。 （3）戴耳塞
14	控制器、电源线、设备漏电	（1）穿戴好劳动保护用品。 （2）做好安全检查。 （3）定期对设备进行吹灰、紧线。 （4）按规程操作，不违章操作
15	除尘器	（1）攀爬梯子、在除尘器上作业时要抓紧扶手，防止高空坠落。 （2）安全防护罩、防护栏杆等防护装置齐全、完好。 （3）穿戴好劳动保护用品。 （4）按规程操作，不违章操作

给排水作业危险点分析及控制措施见表 4-11。

表 4-11 给排水作业危险点分析及控制措施

序号	危险点	控制措施
1	人员思想状况不稳	工作班（组）长或工作负责人要和言行、情绪表现非正常状况的人员进行沟通、谈心，帮助其消除或平息思想上的不正常波动，使其保持良好的工作态度，否则该人员不能进入现场参加操作
2	人员精神状态不佳	工作班（组）长或工作负责人要观察、了解人员精神状态，对酒后上班、睡眠不足、过度劳累、健康欠佳等人员严禁其进入工作现场

续表 4-11

序号	危险点	控制措施
3	人员对设备不熟悉	对设备结构、运行规程等进行学习掌握，考核合格后方可上岗操作
4	设备存在缺陷	通知检修、维护部门对设备进行消缺，设备消缺后方可对设备进行操作
5	水泵	（1）安全防护罩等防护装置齐全、完好。 （2）穿戴好劳动保护用品。 （3）按规程操作，不违章操作
6	玻璃钢冷却塔	（1）攀爬梯子、在冷却塔上作业时要抓紧扶手，防止高空坠落。 （2）防护栏杆等防护装置齐全、完好。 （3）穿戴好劳动保护用品。 （4）按规程操作，不违章操作
7	污水池、循环水池、窨井、地沟	（1）按规程操作，不违章操作。 （2）攀爬梯子时要抓紧扶好，防止坠落

电葫芦作业危险点分析及控制措施见表 4-12。

表 4-12　电葫芦作业危险点分析及控制措施

序号	危险点	控制措施
1	人员思想状况不稳	工作班（组）长或工作负责人要和言行、情绪表现非正常状况的人员进行沟通、谈心，帮助其消除或平息思想上的不正常波动，使其保持良好的工作态度，否则该人员不能进入现场参加操作
2	人员精神状态不佳	工作班（组）长或工作负责人要观察、了解人员精神状态，对酒后上班、睡眠不足、过度劳累、健康欠佳等人员严禁其进入工作现场

续表 4-12

序号	危险点	控制措施
3	人员对设备不熟悉	对设备结构、运行规程等进行学习掌握，考核合格后方可上岗操作
4	设备存在缺陷	通知检修、维护部门对设备进行消缺，设备消缺后方可对设备进行操作
5	电葫芦作业	（1）按使用要求操作。 （2）按规程操作，不违章操作。 （3）电葫芦下方、吊物下严禁站人或察看吊物。 （4）作业区域要有监护人，防止落物伤人
6	电葫芦钢丝绳破损	（1）进行安全检查。 （2）钢丝绳破损时，及时进行消缺，消缺结束后方可进行作业
7	电葫芦线路及手柄漏电	（1）穿戴好劳动保护用品。 （2）进行安全检查。 （3）及时进行消缺，消缺结束后方可进行作业
8	电葫芦机械传动故障	（1）穿戴好劳动保护用品。 （2）进行安全检查。 （3）及时进行消缺，消缺结束后方可进行作业。 （4）电葫芦下方严禁站人
9	电葫芦安全控制不灵敏	（1）穿戴好劳动保护用品。 （2）进行安全检查。 （3）及时进行消缺，消缺结束后方可进行作业。 （4）电葫芦下方、吊物下严禁站人或察看吊物

第三节　焙烧车间危险点分析及控制措施

焙烧车间危险点分析及控制措施如下：

焙烧炉及燃烧控制系统操作危险点分析及控制措施见表 4-13。

表 4-13　焙烧炉及燃烧控制系统操作危险点分析及控制措施

序号	危险点	控制措施
1	人员思想状况不稳	工作班（组）长或工作负责人要对言行、情绪表现非正常状况的人员进行了解，此类员工不能进入现场参加作业
2	人员精神状态不佳	工作班（组）长或工作负责人要观察、了解人员精神状态，对酒后上班、睡眠不足、过度劳累、健康欠佳等人员严禁其进入工作现场
3	人员对设备不熟悉	对炉体结构、设备说明书、运行规程等进行学习掌握，考核合格后方可上岗操作
4	设备存在缺陷	通知设备检修、维护部门对设备进行消缺，设备消缺后方可对设备进行操作
5	燃烧设备	（1）穿戴好劳动保护用品。 （2）操作时与燃烧器和热电偶等高温设备保持安全距离，严禁与身体接触。 （3）按规程操作，不违章操作
6	焙烧炉烟道、排烟架	（1）定期对烟道附着的沥青及焦粉进行清理。 （2）消防设施、工器具齐全。 （3）熟练掌握应急预案。 （4）严格按规程操作，不违章操作

续表 4-13

序号	危险点	控制措施
7	煤气管道、阀门	（1）定时进行煤气测漏检查。 （2）检修时必须执行挂安全警示牌。 （3）确认消防设施、工器具齐全。 （4）熟练掌握应急预案。 （5）严格按规程操作，不违章操作
8	炉室清理、维修	（1）穿戴好劳动保护用品。 （2）攀爬梯子时要抓紧扶手。 （3）作业时不准站在吊物下方。 （4）炉面要有监护人员，要有明显的作业标志
9	起重伤害	（1）穿戴好劳动保护用品。 （2）吊运前要检查吊具是否完好，当吊物下降到一定位置后将吊物抓稳扶好。 （3）与被吊的设备和其他吊物保持安全距离，不在吊物下停留或察看。 （4）在起重时要检查起重工器具是否合格，不合格的严禁使用。 （5）起吊过程中，要和起重人员互相配合，防止起重伤害
10	落物伤人	（1）天车上不准存放备件、零件、工器具等物品。 （2）天车在行走过程中进行打铃警示。 （3）地面作业人员要避让行走中的天车。 （4）天车在行走中不准从人员上方通过
11	烫伤、烧伤	（1）穿戴好劳动保护用品。 （2）在高温火道和高温料箱上作业时，要选择适当的工作位置并站稳。 （3）对高温火道、料箱、横墙上的杂物、障碍物及填充料清除，防止滑倒、绊倒及踩入料箱、观察孔中，发生高温烫伤事故。 （4）操作时与燃烧器和热电偶等高温设备保持安全距离，严禁与身体接触。 （5）接触热体时要带隔热手套

续表 4-13

序号	危险点	控制措施
12	高处坠落	（1）在空炉室处围设防护栏杆。 （2）上下炉室料箱时要站稳扶好，梯子要坚固。 （3）上下楼梯时要站稳扶好。 （4）攀爬梯子时要抓紧扶手。 （5）严禁跨越空炉室和在空炉室上行走
13	中毒和窒息	（1）定时进行煤气测漏检查。 （2）操作燃烧设备时，保证周围通风良好。 （3）焙烧厂房内的 CO 检测仪在开启状态，且确认运行良好。 （4）煤气作业人员佩戴 CO 检测仪。 （5）清理排烟架过程中，做好人员监护，要通风好
14	滑倒、摔倒伤人	（1）焙烧炉面上洒的填充料及时清扫。 （2）在焙烧炉面行走时，要注意脚下

多功能天车、夹块天车操作危险点分析及控制措施见表 4-14。

表 4-14　多功能天车、夹块天车操作危险点分析及控制措施

序号	危险点	控制措施
1	人员思想状况不稳	工作班（组）长或工作负责人要对言行、情绪表现非正常状况的人员进行了解，此类员工不能进入现场参加作业
2	人员精神状态不佳	工作班（组）长或工作负责人要观察、了解人员精神状态，对酒后上班、睡眠不足、过度劳累、健康欠佳等人员严禁其进入工作现场
3	交叉作业	（1）作业时注意下方交叉作业人员，天车过往响铃示警。 （2）与地面人员配合作业时需确认地面人员安全后方可进行操作

续表 4-14

序号	危险点	控制措施
4	起重伤害	(1) 穿戴好劳动保护用品。 (2) 吊运前要检查吊具是否完好，当吊物下降到一定位置后将吊物抓稳扶好。 (3) 与被吊的设备和其他吊物保持安全距离，不在吊物下停留或察看。 (4) 在起重时要检查起重工器具是否合格，不合格的严禁使用。 (5) 起吊过程中，要和指挥人员互相配合，防止起重伤害
5	落物伤人	(1) 天车上不准存放备件、零件、工器具等物品。 (2) 天车在行走过程中进行打铃警示。 (3) 地面作业人员要避让行走中的天车。 (4) 天车在行走中不准从人员上方通过
6	高处坠落	(1) 上下楼梯时要站稳扶好。 (2) 攀爬梯子时要抓紧扶手
7	滑倒、摔倒伤人	(1) 焙烧炉面上洒的填充料及时清扫。 (2) 在焙烧炉面行走时，要注意脚下

编、解机组作业危险点分析及控制措施见表 4-15。

表 4-15 编、解机组作业危险点分析及控制措施

序号	危险点	控制措施
1	人员思想状况不稳	工作班（组）长或工作负责人要对言行、情绪表现非正常状况的人员进行了解，此类员工不能进入现场参加作业
2	人员精神状态不佳	工作班（组）长或工作负责人要观察、了解人员精神状态，对酒后上班、睡眠不足、过度劳累、健康欠佳等人员严禁其进入工作现场

续表 4-15

序号	危险点	控制措施
3	机械伤害	(1) 穿戴好劳动保护用品。 (2) 严格按规程操作。 (3) 严禁在板链、辊链上行走。 (4) 给炭块之间贴纸时要站稳扶好，防止机械碰伤
4	烫伤、烧伤	(1) 穿戴好劳动保护用品。 (2) 清理炭块时佩戴好防护面罩
5	滑倒、摔倒伤人	(1) 操作平台上洒的填充料及时清扫。 (2) 上下楼梯扶好站稳
6	起重伤害	(1) 穿戴好劳动保护用品。 (2) 吊运前要检查吊具是否完好，当吊物下降到一定位置后将吊物抓稳扶好。 (3) 与被吊的设备和其他吊物保持安全距离，不在吊物下停留或察看。 (4) 在起重时要检查起重工器具是否合格，不合格的严禁使用。 (5) 起吊过程中，要和起重人员互相配合，防止起重伤害
7	落物伤人	(1) 天车上不准存放备件、零件、工器具等物品。 (2) 天车在行走过程中进行打铃警示。 (3) 地面作业人员要避让行走中的天车

炭块库及堆垛天车作业危险点分析及控制措施见表 4-16。

表 4-16　炭块库及堆垛天车作业危险点分析及控制措施

序号	危险点	控制措施
1	人员思想状况不稳	工作班（组）长或工作负责人要和言行、情绪表现非正常状况的人员进行沟通、谈心，帮助其消除或平息思想上的不正常波动，使其保持良好的工作态度，否则该人员不能进入现场参加操作

续表 4-16

序号	危险点	控制措施
2	人员精神状态不佳	工作班（组）长或工作负责人要观察、了解人员精神状态，对酒后上班、睡眠不足、过度劳累、健康欠佳等人员严禁其进入工作现场
3	起重伤害	（1）穿戴好劳动保护用品。 （2）吊运前要检查吊具是否完好，当吊物下降到一定位置后将吊物抓稳扶好。 （3）与被吊的设备和其他吊物保持安全距离，不在吊物下停留或察看。 （4）在起重时要检查起重工器具是否合格，不合格的严禁使用。 （5）起吊过程中，要和起重人员互相配合，防止起重伤害
4	落物伤人	（1）天车上不准存放备件、零件、工器具等物品。 （2）天车在行走过程中进行打铃警示。 （3）地面作业人员要避让行走中的天车。 （4）天车在行走中不准从人员上方通过
5	炭块库	（1）将炭块摆放整齐、平稳。 （2）与输送机及通道保持一定的安全距离。 （3）严禁在炭块垛下行走或作业。 （4）严禁攀爬炭块垛或在炭块垛上行走
6	上下天车、检查、清扫天车卫生	（1）上下天车时扶好楼梯护栏，站稳扶好，防止坠落。 （2）必须穿戴好劳动保护用品。 （3）在天车上检查或清扫卫生时要抓紧护栏
7	天车行走、作业、起吊物品	（1）天车作业前对夹具、吊具及钢丝绳进行检查。 （2）天车行走时，天车下方禁止有人作业。 （3）与吊物保持安全距离，不在吊物下停留或察看。 （4）按规程操作，不违章操作

续表 4-16

序号	危险点	控制措施
8	交叉作业	(1) 作业时注意下方交叉作业人员，天车过往响铃示警。 (2) 与地面人员配合作业时需确认地面人员安全后方可进行操作

焙烧炉烟气净化系统作业危险点分析及控制措施见表 4-17。

表 4-17 焙烧炉烟气净化系统作业危险点分析及控制措施

序号	危险点	控制措施
1	人员思想状况不稳	工作班（组）长或工作负责人要和言行、情绪表现非正常状况的人员进行沟通、谈心，帮助其消除或平息思想上的不正常波动，使其保持良好的工作态度，否则该人员不能进入现场参加操作
2	人员精神状态不佳	工作班（组）长或工作负责人要观察、了解人员精神状态，对酒后上班、睡眠不足、过度劳累、健康欠佳等人员严禁其进入工作现场
3	人员对设备不熟悉	对烟气净化系统结构、设备说明书、运行规程等进行学习掌握，考核合格后方可上岗操作
4	设备存在缺陷	通知设备检修、维护部门对设备进行消缺，设备消缺后方可对设备进行操作
5	检查净化电场	(1) 上下电场楼梯必须穿戴好劳动保护用品（穿绝缘鞋），扶好楼梯护栏。 (2) 按规程操作，不违章操作，防止触电
6	冷却塔、除尘器、氧化铝仓	(1) 上下楼梯必须穿戴好劳动保护用品（穿绝缘鞋），扶好楼梯护栏，防止高空坠落。 (2) 攀爬时要抓紧，防止坠落

续表 4-17

序号	危险点	控制措施
7	排烟电机、引风机、泵房、除尘器	（1）检查和启动时要穿戴好劳动保护用品，将头发放入安全帽内。 （2）按规程操作，不违章操作
8	操作室、配电室、电场高压设备	（1）要穿戴好劳动保护用品（穿绝缘鞋），将头发放入安全帽内。 （2）按规程操作，不违章操作，防止触电
9	净化电场和烟道	（1）定期对电场、烟道内附着的沥青及焦粉进行清理。 （2）熟练掌握应急预案。 （3）确认消防设施、工器具齐全。 （4）严格按操作规程作业，不违章操作

第五章

质保部危险点分析和控制措施

第一节 高温设备（马弗炉、烘箱、熔片机、电炉）危险点分析及控制措施

高温设备（马弗炉、烘箱、熔片机、电炉）危险点分析及控制措施见表5-1。

表5-1 高温设备（马弗炉、烘箱、熔片机、电炉）危险点分析及控制措施

序号	危险点	控制措施
1	人身触电	（1）使用马弗炉和烘箱取样放样时，先将电源关掉。 （2）使用熔片机取放坩埚时注意不要接触加热线圈。 （3）在电炉上取放样品时要戴上绝缘手套或关掉电源
2	灼烫伤	（1）操作所有高温设备时必要的劳保用品要佩戴齐全。 （2）使用熔片机时升温速度要慢；取高温样品时佩戴劳保用品。 （3）在电炉上取放样品时要关掉电源后再操作，并戴上绝热手套
3	设备损坏	（1）高温加热完取样时动作要迅速，不要长时间大开炉门（烘箱门）。 （2）要定期清理炉丝上的污染物

第二节 电动工器具（电吹风）危险点分析及控制措施

电动工器具（电吹风）危险点分析及控制措施见表5-2。

表5-2 电动工器具（电吹风）危险点分析及控制措施

序号	危险点	控制措施
1	机械伤人	（1）使用时佩戴必要的劳保用品。 （2）操作此工具时要精神高度集中
2	人身触电	使用前检查工具的质量
3	人身伤害	使用电吹风时注意气流的方向，以免伤到其他人

第三节 其他分析仪器（原子吸收、万能材料试验机、碳硫分析仪、X射线荧光仪）危险点分析及控制措施

其他分析仪器（原子吸收、万能材料试验机、碳硫分析仪、X射线荧光仪）危险点分析及控制措施见表5-3。

表5-3 其他分析仪器危险点分析及控制措施

序号	危险点	控制措施
1	人身伤害	使用万能材料试验机时与仪器保持一定距离
2	设备损坏	（1）使用万能材料试验机、原子吸收仪、碳硫分析仪操作时严格按照操作规程操作。 （2）原子吸收仪更换干燥剂时必须关掉电源，避免损坏激发器。 （3）用荧光仪测试样品时保证电压稳定，尽量避免频繁停电，以免烧坏X光管

续表 5-3

序号	危险点	控制措施
3	气瓶爆炸	（1）使用碳硫分析仪时要严格按照气瓶的安全知识操作氧气瓶。 （2）使用原子吸收仪之前，一定要做好各项准备工作，如检查乙炔气瓶是否漏气；乙炔气瓶不能放在高温的地方
4	爆炸	使用原子吸收仪进行实验时必须保证废液管处于水封状态，以免发生回火引起爆炸

第四节　质保部化验专业危险点分析和控制措施

质保部化验专业危险点分析及控制措施见表 5-4。

表 5-4　质保部化验专业危险点分析及控制措施

序号	危险点	控制措施
1	人员思想状况不稳	保持思想稳定，不能掺带个人情绪进行工作；要精力集中，工作过程中不能有私心杂念
2	人员精神状态不佳	上岗工作时不能饮酒，休息充足，保持良好的精神状态，不带病参加工作
3	着装不合格	（1）要穿合适的防护工作服，衣服和袖口必须扣好。 （2）戴好安全帽
4	烧伤、烫伤、割伤	（1）在配制大量易产生热的试剂（如硫酸、苛性碱等）时，要在耐热容器中进行，少量放入并及时搅拌，在任何时候，不能将水倒入浓酸中，而应将浓酸在搅拌的情况下少量缓缓倒入水中。 （2）搬运和倾倒浓酸、浓碱、氢氟酸以及其他危险品时，要托住瓶底，抓住瓶颈，不要手滑。

续表 5-4

序号	危险点	控制措施
4	烧伤、烫伤、割伤	（3）室温高时，开启装有浓酸、浓氨、苯等试剂时要先用水进行冷却，瓶口不要对着面部或对着别人。 （4）取下正在沸腾的水或溶液时，必须用烧杯夹或毛巾包住瓶颈，轻轻摇动赶出气泡，才能取下倾倒，以防止水突然沸腾溅出伤人。 （5）在更换浓酸、浓碱试剂的胶皮管时，眼睛不能离得太近查看，以防破损处喷出试液烧伤面部或眼睛。 （6）被碱烧伤立即用大量水冲洗，然后用5%的硼酸洗液清洗；被酸烧伤立即用大量水冲洗，然后用5%碳酸氢钠溶液冲洗，严重的洗后马上送医院。 （7）被氢氟酸烧伤后先用水冲洗，再用碳酸氢钠冲洗，然后用甘油二份和氧化镁一份调成糊状，涂敷后包扎。 （8）被磷烧伤用2%的硫酸铜润洗绷带覆在伤口处。 （9）在装配、切割玻璃管或往玻璃管上套橡皮塞时，必须戴上布手套或用布包好，以防玻璃管在用力时断裂割伤。 （10）玻璃仪器在使用之前必须经过检查，破损的玻璃仪器不得任置一旁，应及时妥善处置，破碎或无法修理的仪器（玻璃）应堆放在特设的箱内。 （11）玻璃管的锋利边口必须用火平稳光滑，方可使用；在用橡皮管连接玻璃管时，玻璃管必须先使润滑，再插入橡皮管内。 （12）严禁不戴手套用力把玻璃管或温度计勉强插入软木塞或橡皮塞内，塞孔应大小适度；插入的玻璃管或温度计必须用甘油或惰性油脂先使润滑。 （13）穿塞孔时不可只用手握住塞子的另一端，应用拇指和食指夹持塞子，使塞子靠在一木板上
5	易爆品	（1）易爆药品应专门存放，并定期检查。 （2）搬运压缩气体（如氢气、氧气、乙炔）时，要遵守压缩气瓶的使用规定。

续表 5-4

序号	危险点	控制措施
5	易爆品	（3）易爆有机物，不要与强氧化剂存放在一起，强氧化剂与还原剂不能放在一起研磨，易爆物品要防止受热。 （4）氢气、乙炔等不能混入空气，以防爆炸。 （5）易燃品如油类、酚类、醚类、醇、黄磷、硫黄、乙炔等应放在通风、阴凉的地方并隔绝火种，室温高时使用前应冷却
6	易燃品	（1）对各工作室及室外走廊所设置的灭火器等设备，要熟悉其使用方法并掌握有关的灭火知识，班组安全员负责灭火设备管理，并定期检查性能是否完好，如有失效应及时更换。 （2）易燃品如油类、酚类、醚类、醇、黄磷、硫黄、乙炔等应放在通风、阴凉的地方并隔绝火种，室温高时使用前应冷却。 （3）发生火灾时，应立即切断电源、热源，清除易燃物，迅速用灭火设备灭火，及时组织灭火。 （4）遇到酒精等能溶于水的物质引起的火灾可用水扑灭，电气设备、油、乙醚等有机溶剂引发火灾时用四氯化钛、二氧化碳或砂子灭火，不能用水或泡沫灭火器
7	化学试剂中毒	（1）禁止在实验室内喝水、吃东西，将餐具带入实验室。 （2）工作完毕，必须用肥皂等洗手后方可进食。 （3）使用不知成分的药品时，不能口尝、鼻嗅及直接用手接触的方法进行辨别。 （4）工作中如果有毒、刺激性气体产生时要在通风橱中进行，并保持通风良好，操作时要戴上口罩、眼镜或面罩。 （5）剧毒物品使用完毕要洗净器皿、擦干净台面，废液要集中处理，用肥皂洗干净手。 （6）汞蒸汽有毒，汞面上要用水覆，以防汞挥发，汞洒落在地面上时要及时清理，然后洒上硫黄，使用汞的工作室通风要良好

续表 5-4

序号	危险点	控制措施
8	高空坠落物	在生产区域走路时，戴好安全帽，提高安全警惕
9	化学试剂储存	(1) 化学试验使用的剧毒物品应储存在专用的仓库或储存室（柜）内。 (2) 化学药品储存间防止潮湿、阳光直射，防止明火。 (3) 化学药品储存柜要牢固，防止倾倒。 (4) 化学药品储存间通道保持畅通。 (5) 化学危险品仓库不存放与工作无关的易燃、易爆物品。 (6) 化学试验室和药品储存间内应配备通风设备和通风柜。 (7) 存放化学危险药品的房间和柜子应有明显的“有毒危险”标志。 (8) 化学药品标签清晰准确。 (9) 浓硝酸、浓硫酸等腐蚀品，硝酸汞、碘化汞等有毒化学物品，要分类管理

第五节 质检原料班危险点分析及控制措施

质检原料班危险点分析及控制措施见表 5-5。

表 5-5 质检原料班危险点分析及控制措施

序号	危险点	控制措施
1	(1) 酸碱灼伤	取样时戴好耐酸碱橡胶手套及防护眼镜
	(2) 高处跌落	①取样人员上车取样时必须严令该车司机停车熄火并下车等候。 ②上车过程中双手要抓紧车厢,脚要踏实
	(3) 车辆伤害	随时注意来往车辆

续表 5-5

序号	危险点	控制措施
2	（1）粉尘	取样过程中戴好防尘口罩及防护眼镜
	（2）高处跌落	①取样人员上车取样时必须严令该车司机停车熄火并下车等候。 ②上车过程中双手要抓紧车厢，脚要踏实
	（3）车辆伤害	随时注意来往车辆
3	（1）物体打击	取样人员正确佩戴安全帽，随时注意车上物料情况
	（2）粉尘	取样过程中戴好防尘口罩及防护眼镜
	（3）高处跌落	①取样人员上车取样时必须严令该车司机停车熄火并下车等候。 ②上车过程中双手要抓紧车厢，脚要踏实

第六节　电解综合班危险点分析及控制措施

电解综合班危险点分析及控制措施见表 5-6。

表 5-6　电解综合班危险点分析及控制措施

序号	危险点	控制措施
1	高空坠物	上下班必须正确佩戴安全帽
2	车辆伤害	在厂区行走时注意来往车辆
3	触电	插拔电源线等时务必保持手的干燥

第七节　计量班危险点分析及控制措施

计量班危险点分析及控制措施见表 5-7。

表 5-7　计量班危险点分析及控制措施

序号	危险点	控制措施
1	（1）高空坠物	正确佩戴安全帽
	（2）高温烫伤	①戴好防护面罩、穿好工作服，取样之前把取样勺及模具放在高温处烘干其水分，切记不要放在取样口烘烤，若中途沾上水也需烘干后方能使用。 ②受热的取样工具不要随意摆放，拿取样时，戴上厚手套或用夹子
	（3）爆炸	禁止水和液态铝接触
	（4）车辆伤害	远离车间内各运行车辆
2	（1）车床机械伤害	①使用车床车铝锭过程中严格执行相应的安全操作规程。 ②车铝锭时一定要夹紧夹牢；防止样品飞出，砸伤他人
	（2）窒息	直读光谱仪室内存在大量氩气尾气，注意空气流通
3	（1）车辆伤害	远离车间内各运行车辆
	（2）铝锭挤伤	严禁在打捆铝锭间穿行

附　录

附录 1

中华人民共和国国家标准

GB/T 50195—2010

代替 GB 50195—1994

发生炉煤气站设计规范

Design code for producer gas station

（选摘）

中华人民共和国住房和城乡建设部　
中华人民共和国国家质量监督检验检疫总局　发布

发生炉煤气站设计规范

1　范围

本规范适用于工业企业新建、扩建和改建的常压固定床煤气发生炉煤气站和煤气管道的设计。对扩建和改建的工程，应合理地充分利用原有的设备、管道、建筑物和构筑物。

本规范不适用于水煤气站和水煤气管道的设计。

2　规范性引用文件

（1）《工业企业设计卫生标准》

(2)《建筑设计防火规范》

(3)《工业企业煤气安全规程》

(4)《爆炸和火灾危险环境电力装置设计规范》

(5)《室外给水设计规范》

(6)《环境空气质量标准》

(7)《压力容器安全技术监察规程》

(8)《工业锅炉水质》

(9)《工业企业噪声控制设计规范》

(10)《工业与民用35千伏及以下架空电力线路设计规范》

(11)《工业企业采暖通风和空气调节设计规范》

(12)《供配电系统设计规范》

(13)《建筑物防雷设计规范》

(14)《湿陷性黄土地区建筑规范》

(15)《工业企业总平面设计规范》

(16)《工业循环水冷却设计规范》

(17)《小型火力发电厂设计规范》

(18)《工厂电力设计技术规程》

(19)《电气装置安装工程施工及验收规范》

(20)《石油化工企业设计防火规范》

(21)《氧气站设计规范》

(22)《乙炔站设计规范》

3 术语和定义

3.1

发生炉煤气站 producer gas station

发生炉煤气站是以煤、焦炭为原料，饱和空气为气化剂，采用常压固定床煤气发生炉连续制取工业用煤气所设置的生产和辅助生产设施的总称。

3.2

运煤（渣）栈桥 overhead bridge for coal（slag）conveyer

运输煤、焦炭或灰渣的带式输送机走廊。

3.3

破碎筛分间 crasher and screen room

装有煤或焦炭的破碎设备或筛分设备的房间。

3.4

受煤斗　coal receiving hopper

在煤场内或机械化运煤设备前的贮煤斗。

3.5

末煤　pulverized coal

粒度为 0~6mm 的煤。

3.6

机械化运输　transport by conveyer

带式输送机、多斗提升机、刮板机和水力除灰渣等运输方式。

3.7

半机械化运输　transport by simple machine

单轨电葫芦、单斗提升机、电动牵引小车、有轨手推矿车和简易运煤机械等运输方式。

3.8

磁选分离设施　magnetic separator

装在运煤系统上的磁选设备、悬吊式磁铁分离器、电磁胶带轮等。

3.9

小型煤气站　small type gas station

在标准状态下，煤气设计产量小于或等于 6000m^3/h 的煤气站。

3.10

中型煤气站　medium type gas station

在标准状态下，煤气设计产量介于 6000m^3/h 小型煤气站和 50000m^3/h 大型煤气站之间的煤气站。

3.11

大型煤气站　large type gas station

在标准状态下，煤气设计产量大于或等于 50000m^3/h 的煤气站。

3.12

一般通道　common passage

室内操作和检查经常来往通过的地方。

3.13

主要通道　main passage

设备安装和检修运输用的室内干道。

3.14

两段式煤气发生炉 two stage gasifier

带有干馏段的煤气发生炉（简称：两段炉）。

3.15

煤气净化设备 equipment for gas purification

竖管、旋风除尘器、电气滤清器、洗涤塔、间接冷却器、除滴器等的总称。

3.16

电气滤清器 electrostatic precipitator

湿式电气除尘器、电除焦油器、静电除尘器的总称。

3.17

除滴器 water knockout

去除煤气中的水滴的设备。

3.18

钟罩阀 bell type valve

煤气发生炉出口放散煤气或烟气的装置。

3.19

止逆阀 non-return valve

防止煤气发生炉内煤气向空气管内倒流的装置。

3.20

爆破阀 explosion valve

煤气爆炸时阀内膜片破裂泄压后，阀盖由于重锤的作用，自动闭上，能起安全作用的阀。

3.21

爆破膜 bursting disc

装于空气管、煤气管末端的泄压膜片。

3.22

自然吸风装置 draft ventilation equipment

供煤气发生炉压火时自然通风的设备。

3.23

排水器 water seal equipment

排除煤气管道内冷凝水的设备。

3.24

盘形阀 diskvalve

用于切断热煤气的盘型阀。

3.25

煤气管补偿器 flexible section of gas pipe

煤气管道上温度变化补偿用的装置。

3.26

盲板 blanking plate

煤气设备或管道的法兰间用于临时隔断或扩建延伸的部位的堵板。

3.27

撑铁 side shoring

设在煤气设备或管道的法兰前后，用于装卸盲板、盲板垫圈的支撑。

3.28

眼镜阀 valve of glasses

煤气管道上的旋转式闸阀。

4 总则

4.1 为使发生炉煤气站的设计能保证安全生产，节约能源，保护环境，做到技术先进，经济合理，制定本规范。

4.2 本规范适用于工业企业新建、扩建和改建的常压固定床煤气发生炉煤气站和煤气管道的设计。对扩建和改建的工程，应合理地充分利用原有的设备、管道、建筑物和构筑物。本规范不适用于水煤气站和水煤气管道的设计。

4.3 发生炉煤气站的环境保护设施，必须与主体工程同时设计，各项有害物质的排放和噪声的危害必须严格控制，并应符合国家现行有关标准的规定。

4.4 发生炉煤气站和煤气管道的设计，除应符合本规范外，尚应符合国家现行有关标准、规范的规定。

5 煤种选择

5.1 发生炉煤气站（以下简称煤气站）初步设计前应选择和确定气化的煤种，施工图设计前，应取得供煤协议；应落实煤的供应，落实的内容应包括煤种、数量、粒度和技术指标。

注：本规范所指的煤种包括焦炭。

5.2 气化的煤种应根据用户对煤气质量的要求和就地就近供应的原则，经技术经济比较后选择确定。

5.3　一段式煤气发生炉气化用煤的技术指标，应符合现行国家标准《常压固定床气化用煤技术条件》的有关规定。

5.4　两段炉气化用煤的技术指标，除应符合《常压固定床气化用煤技术条件》的有关规定外，还应符合表1的规定。

表1　两段煤气发生炉气化用煤补充技术条件

项　目	技 术 指 标
粒度/mm	20~40；25~50；30~60
最大粒度与最小粒度之比	≤2
块煤限下率/%	≤10
含矸率/%	≤2
挥发分 V_d/%	≥20
灰分 A_d/%	≤18
黏结指数	≤20
坩埚膨胀序数 C.S.N	≤2

5.5　煤的主要气化指标的采用，应根据选用的煤气发生炉型式、煤种、粒度等因素综合确定。对曾用于气化的煤种，应采用其平均气化强度指标；对未曾用于气化的煤种，应根据其气化试验报告和曾用于煤气发生炉气化的类似煤种的气化指标确定。

5.6　初步设计前，应取得采用煤种的气化试验报告。当小型煤气站设计取得上述报告有困难时，应取得该煤种的技术指标。

6　设计产量和质量

6.1　煤气站的设计产量，应根据各煤气用户的车间小时最大煤气消耗量之和及车间之间的同时使用系数确定。煤气用户的车间小时最大煤气消耗量，应根据各使用煤气设备的小时最大煤气消耗量之和及各设备之间的同时使用系数确定。

6.2　煤气用户车间之间的同时使用系数和各设备之间的同时使用系数，应根据其同类型企业相应的实际工况进行核算后确定。

6.3　在标准状态下，一段发生炉煤气低位发热量宜符合下列规定：

6.3.1　无烟煤系统或焦炭系统不小于5000kJ/m³。

6.3.2　烟煤系统不小于5650kJ/m³。

注：在 101325Pa（760mm 水银柱）的大气压力下，温度 0℃时为标准状态。

6.4　在标准状态下，两段发生炉煤气低位发热量宜符合下列规定：

6.4.1　上段煤气不小于 6700kJ/m^3。

6.4.2　下段煤气不大于 5440kJ/m^3。

6.5　冷煤气站的煤气温度，在洗涤塔或间接冷却器后，不宜高于 35℃；夏季不应高于 45℃。

6.6　热煤气站以烟煤气化的煤气温度，在使用煤气的设备前，不宜低于 350℃。对小型热煤气站达到此温度有困难时，可适当降低。

6.7　冷煤气站出口煤气中的灰尘和焦油含量，应根据用户要求确定。当用户无要求时，在标准状态下煤气中的灰尘和焦油含量之和宜符合下列规定：

6.7.1　无烟煤系统或焦炭系统煤气中的灰尘和焦油含量之和不大于 50mg/m^3。

6.7.2　烟煤系统煤气中的灰尘和焦油含量之和不大于 100mg/m^3。

6.7.3　两段炉系统煤气中的灰尘和焦油含量之和不大于 50mg/m^3。

6.8　当用户或环境保护部门对煤气中的硫化氢有特殊要求时，应设置脱硫设施。脱硫后煤气中的硫化氢含量应满足用户或环保部门的要求。

6.8.1　发生炉煤气脱硫工艺的选择，应根据发生炉煤气的用途、处理量和煤气中的硫化氢（H_2S）含量，并结合当地环保要求和煤气燃烧反应后所产生的硫氧化物（SO_x）所允许的排放标准等因素，经技术经济方案比较后确定。

6.8.2　发生炉煤气脱硫工艺设备的能力，应按小时最大煤气处理量和其相应的硫化氢含量确定。

6.8.3　发生炉煤气脱硫工艺装置的设计应能做到当脱硫设备检修时，出厂煤气中硫化氢含量仍能符合现行国家标准和行业标准的相关要求。

7　站区布置

7.1　煤气站区的布置应符合现行国家标准《工业企业总平面设计规范》的有关规定，并应符合下列要求：

7.1.1　煤气站区应位于工业企业厂区主要建筑物和构筑物全年最小频率风向的上风侧。

7.1.2　煤气站应靠近煤气负荷比较集中的地点。

7.1.3　应便于煤、灰渣、末煤、焦油、焦油渣的运输和贮存以及循环水的处理。

7.1.4　在旁侧设有锅炉房时应便于与锅炉房共用煤和灰渣的贮运设施以及末煤的利用。

7.1.5 应留有扩建的余地。

7.1.6 应设绿化场地。

7.2 煤气站的厂房布置，其防火间距应符合现行国家标准《建筑设计防火规范》的有关规定。

7.3 煤气站主厂房的正面，宜垂直于夏季最大频率风向；室外煤气净化设备，宜布置在主厂房夏季最大频率风向的下风侧。

7.4 煤气排送机间、空气鼓风机间宜与主厂房分开布置。小型煤气站的煤气排送机间、空气鼓风机间可与主厂房毗连布置。

7.5 循环水系统、焦油系统和煤场等的建筑物和构筑物，宜布置在煤气站主厂房、煤气排送机间、空气鼓风机间等的夏季最大频率风向的下风侧，并应防止冷却塔散发的水雾对周围环境的影响。

7.6 煤气站区内的消防车道，应符合现行国家标准《建筑设计防火规范》的有关规定。

8 设备选择

8.1 煤气发生炉的工作台数每5台及以下应另设1台备用；当用户终年连续高负荷生产时，每4台及以下宜另设1台备用。当煤气发生炉检修时，煤气用户的车间允许减少或停止供应煤气的情况下，可不设备用。

8.2 竖管、旋风除尘器、风冷器应分别与煤气发生炉一对一布置。

8.3 竖管底部的灰和焦油渣宜采用水力排除。

8.4 余热锅炉的设置应满足工艺系统压力降的要求，并应经技术经济比较后确定。

8.5 余热锅炉应采用火管式锅炉，并应符合现行国家标准《压力容器安全技术监察规程》的有关规定。

8.6 煤气发生炉水夹套（包括汽包）承压大于等于0.1MPa时，应符合现行国家标准《钢制压力容器》及《压力容器安全技术监察规程》的有关规定。

8.7 电气滤清器型式的选择，应根据煤气中焦油和杂质的性质确定；当其流动性差、不能自流排除时，应采用带有冲洗装置的电气滤清器。

电气滤清器的数量和容量，应根据煤气站的设计产量确定，但不宜少于2台，且不应设备用。管式电气滤清器内，煤气的实际流速不宜大于0.8m/s；当其中1台清理或检修时，煤气的实际流速不宜大于1.2m/s。

8.8 当洗涤塔集中设置或与电气滤清器一对一布置时，其数量和容量应根据煤气站的设计产量确定。

8.9 空气鼓风机的空气流量，应根据煤气站的设计空气需要量确定。

空气压力应根据煤气发生炉在达到设计产量时的炉出口煤气压力、炉内的压力损失、空气管道系统压力损失的总和确定。

8.10 煤气排送机的煤气流量，应根据煤气站设计产量确定，其煤气压力应根据煤气用户的车间对煤气压力的要求和煤气管道系统压力损失的总和确定。

8.11 空气鼓风机、煤气排送机宜采用变频调节。

8.12 煤气排送机和空气鼓风机采用离心式设备时，应符合下列规定：

8.12.1 单机工作时，其流量的富裕量宜为10%，其压力的富裕量宜为20%，并联工作时均应适当加大。

8.12.2 压力应根据工作条件下介质的密度进行修正，流量应根据工作条件下介质的温度、湿度、煤气站所在地区的大气压力进行修正。

8.12.3 空气鼓风机和煤气排送机其并联工作台数不宜超过3台，并应另设1台备用；当需要低负荷调节确认经济合理时，可增设1台较小容量的设备。

8.13 除滴器宜与煤气排送机一对一布置。

8.14 当冷煤气站气化不黏结、弱黏结烟煤及褐煤时，宜采用两段炉。

8.15 两段炉冷煤气站中，上段煤气电滤器后及下段煤气急冷塔后宜采用间接冷却，以减少与煤气接触的循环水。

8.16 两段炉冷煤气站中的煤气冷凝水如采用高温焚烧法处理，焚烧炉的操作温度应大于1100℃，焚烧炉后应设废热锅炉等热能回收装置。

9 设备的安全要求

9.1 煤气净化设备和煤气余热锅炉，应设放散管和吹扫管接头；其装设的位置应能使设备内的介质吹净；当煤气净化设备相联处无隔断装置时，可仅在较高的设备上或设备之间的煤气管道上装设放散管。

9.2 设备和煤气管道放散管的接管上，应设取样嘴。

9.3 在容积大于或等于1m³的煤气设备上，放散管直径不应小于100mm；容积小于1m³的煤气设备上的放散管直径不宜小于50mm。放散管管口的高度应符合本规范第19.18条和19.19条的规定。

9.4 在电气滤清器上必须设爆破阀，在洗涤塔上宜设爆破阀，其装设要求，应符合下列规定：

9.4.1 应装在设备薄弱处或易受爆破气浪直接冲击的部位。

9.4.2 离地面的净空高度小于 2m 时，应设防护措施。

9.4.3 爆破阀的泄压口不应正对建筑物的门窗。

9.5 爆破阀薄膜的材料，宜采用退火状态的工业纯铝板。

9.6 竖管、旋风除尘器应设泄压水封。

9.7 煤气设备水封的有效高度，按煤气设备的最大工作压力确定，并不应小于表 2 的规定。

表 2 水封的有效高度

最大工作压力/Pa	水封的有效高度/mm
<3000	$0.1P+150$
3000~10000	$0.1P\times1.5$
>10000	$0.1P+500$

注 1：P 为最大工作压力。

注 2：当最大工作压力小于 1000Pa 时，水封的有效高度不应小于 250mm。

9.8 煤气排送机后的设备最大工作压力，应等于煤气排送机前的最大工作压力加煤气排送机的最大升压。

9.9 钟罩阀内放散水封的有效高度，应等于煤气发生炉出口最大工作压力的水柱高度加 50mm。

9.10 煤气设备的水封，应采取保持其固定水位的装置。

9.11 煤气发生炉、煤气设备和煤气排送机与煤气管道之间，应设置可靠隔断煤气的装置；当设置盲板时，应设便于装卸盲板的撑铁。

9.12 在煤气设备和管道上装设爆破阀、人孔、阀门、盲板等的地方，其装设高度离操作层或地面大于 2m 时，应设置平台。

10 工艺布置

10.1 煤气发生炉宜采用单排布置。

10.2 主厂房的层数和层高，应根据煤气发生炉的型式、煤斗贮量、运煤和排灰渣的方式、操作和安装维修的需要确定。

10.3 主厂房内设备之间、设备与墙之间的净距，应根据设备操作、检修和运输的需要确定；当用作一般通道时，不宜小于 1.5m。

10.4 主厂房为封闭建筑时，底层外墙应按设备的最大件尺寸设置门洞或预留安装孔洞；2 层及以上的楼层，应根据所在层的设备最大部件设置吊装孔，并应根据所在层检修部件的最大重量，设置起重设施和预留安装拆卸设备的场地。

10.5 在以烟煤煤种气化的煤气发生炉与竖管或旋风除尘器之间的接管上，应设清除管内积灰的设施。

10.6 煤气净化设备应布置在室外，竖管和旋风除尘器可布置在室内。

10.7 煤气排送机和空气鼓风机，宜分开布置在各自的房间内。

小型煤气站的煤气排送机和空气鼓风机，可布置在同一房间内。

10.8 煤气排送机和空气鼓风机应各自单排布置。

10.9 煤气排送机间、空气鼓风机间内，设备之间、设备与墙之间的净距，宜为0.8~1.2m；当用作主要通道时，不宜小于2m；当用作一般通道时，不宜小于1.5m。

10.10 煤气排送机间的层数和层高，应根据设备的结构型式、排水器布置和设备吊装等要求确定。当采用单层厂房时，操作层的层高不应小于3.5m；采用双层厂房时，底层的层高不应小于3m。

10.11 煤气排送机间、空气鼓风机间的操作层，应在外墙按设备的最大部件设置门洞或预留安装孔洞，并应设检修最重部件的起重设施和预留有安装拆卸部件的场地。

10.12 空气鼓风机的吸风口，应布置在室外，并应设置防护网和防雨、降低噪声的设施。

11 空气管道

11.1 空气管道系统应设置下列安全设施：

11.1.1 在煤气发生炉的进口空气管道，应设明杆式或指示式的阀门、自然吸风装置和止逆阀。

11.1.2 空气总管的末端，应设爆破膜。

11.1.3 空气总管的末端应设放散管，并应接至室外。

11.2 饱和空气管道应设保温层，并应在其最低点装设排水装置。

11.3 空气管道宜架空敷设。

12 辅助设施

12.1 煤气站应设化验室，其化验设备应按经常化验的项目设置，不经常化验的项目宜与有关单位协作。

12.2 煤气站应设机修间和电修间，其维修设备应按站内机电设备及管道的经常维护和小修的需要设置；大修和中修应与有关单位协作。小型煤气站可不设机修间和电修间。

12.3 大型煤气站应设仪表维修间。

12.4 煤气的安全防护组织及其设施，应符合现行国家标准《工业企业煤气安全规程》的有关规定。

13 煤和灰渣的贮运

13.1 煤和灰渣贮运系统应按下列条件设计：

13.1.1 煤的种类、粒度和运输量、末煤和灰渣的排除量。

13.1.2 煤气站的工作制度和贮运工作制度。

13.1.3 煤、灰渣和末煤的站外运输方式。

13.2 大、中型煤气站的煤、灰渣和末煤应采用机械化装卸和运输；小型煤气站宜采用机械化或半机械化装卸和运输。

13.3 煤气站的煤场，应根据煤源远近、供应的均衡性和交通运输方式等条件确定，并宜符合下列规定：

13.3.1 火车和船舶运输，煤场贮煤量为10~30d的煤气站入炉煤量。

13.3.2 汽车运输，煤场贮煤量为5~10d的煤气站入炉煤量。

13.3.3 当工厂有集中煤场时，煤气站煤场的贮煤量不大于3d的煤气站入炉煤量。

13.3.4 煤场除设置入炉煤的贮存场地外，尚应根据需要预留末煤的堆放场地。

13.4 露天煤场应夯实和设排水设施，并宜铺设块石地坪或混凝土地坪，在有经常性的连续降雨、降雪地区，煤场宜设防雨、防雪设施，其覆盖面积应根据煤气站的运行经验和当地的气象条件确定。

13.5 运煤系统设备的每班设计运转时间，不宜大于6h。

13.6 机械加煤的煤气发生炉贮煤斗的有效贮量，应根据运煤的工作班制确定，当煤气发生炉为三班运行时，贮煤斗的有效贮量宜符合表3的规定。

表3 煤气发生炉贮煤斗的有效贮量

运煤工作班制	贮煤斗的有效贮量
一班制	煤气发生炉18~20h的入炉煤量
二班制	煤气发生炉12~14h的入炉煤量
三班制	不大于煤气发生炉6h的入炉煤量

13.7 煤气发生炉的直径大于2m时，其贮煤斗内供排放泄漏煤气用的放散管直径不应小于300mm；当煤气发生炉直径等于或小于2m时，贮煤斗放散管直径不

应小于150mm。放散管应设清理设施。

13.8 煤气发生炉的贮煤斗及溜管的侧壁倾角不应小于55°。

13.9 运煤系统必须设筛分和磁选分离的设施。

当供煤的粒度大于设计要求时，必须设置破碎机，磁选分离设施应设在破碎机前。

13.10 煤气站的贮运系统应设置煤的计量设施。

13.11 末煤斗的总贮量不宜小于煤气站的一昼夜末煤产生量，当末煤供厂内使用时，可酌情减少。末煤斗及其溜管的侧壁倾角不应小于60°。在严寒地区的末煤斗应设防冻设施。

13.12 灰渣斗的总贮量不宜小于煤气站的一昼夜灰渣排除量，灰渣斗及溜管的侧壁倾角不应小于60°。在严寒地区的灰渣斗应设防冻设施。

13.13 运煤和排渣系统中设备传动装置的外露转动部分，应设安全防护罩；当装设在运煤栈桥内的带式输送机无安全防护罩时，宜设越过带式输送机的过桥，并宜在操作人员行走的一侧设置栏杆。

13.14 主厂房贮煤层应设防止操作人员落入贮煤斗的设施，并宜设防止楼板上的积水流入贮煤斗的设施。

13.15 当采用带式输送机给煤时，煤气发生炉贮煤斗上方，应采取避免末煤集中进入最后一个贮煤斗的措施。

13.16 当运送块煤时，带式输送机的倾斜角不应大于18°；当运送末煤及灰渣时，不应大于20°。

13.17 运煤栈桥宜采用半封闭式或封闭式。

13.18 运煤栈桥的通道，应符合下列规定：

13.18.1 运行通道的净宽不应小于1m，检修通道的净宽不应小于0.7m。

13.18.2 运煤栈桥的垂直净高不应小于2.2m。

13.19 运煤筛分破碎设备间应设起吊设施和检修场地。

13.20 运煤系统的破碎机、振动筛和产生粉尘的转卸点，应设封闭设施。

14 给水、排水和循环水

14.1 煤气发生炉水套的给水水质，应符合现行国家标准《工业锅炉水质》的规定。

14.2 煤气发生炉搅棒、人孔等冷却水水质应符合下列规定：

14.2.1 悬浮物不宜大于100mg/L。

14.2.2　25℃时 pH 值宜为 6.5~9.5。

14.2.3　根据冷却水的碳酸盐硬度控制其排水温度，不宜大于表 4 的规定。

表 4　碳酸盐硬度与排水温度的关系

碳酸盐硬度/mg · L^{-1}（以 $CaCO_3$ 表示）	排水温度/℃
≤175	50
250	45
300	40
350	35
500	30

14.3　煤气站室外消火栓用水量，应符合现行国家标准《建筑设计防火规范》的有关规定。

14.4　煤气站循环水宜零排放，如排放应满足当地排放标准规定。

14.5　烟煤系统洗涤冷却煤气的循环水应分设冷、热两个系统。

14.6　煤气净化设备采用接触煤气的循环水，应进行水处理，其水质、水压、水温应符合下列规定：

14.6.1　无烟煤系统和焦炭系统的冷煤气循环水的灰尘与焦油含量之和，不应大于 200mg/L。

14.6.2　烟煤系统的冷煤气冷循环水的灰尘与焦油含量之和，不宜大于 200mg/L；热循环水的灰尘与焦油含量之和，不应大于 500mg/L。

14.6.3　25℃时 pH 值不应小于 6.5。

14.6.4　供水点压力应根据煤气净化设备的高度、管网阻力及所采用喷嘴的性能确定，并宜符合下列规定：

无填料煤气净化设备喷嘴前的压力宜为 0.1~0.15MPa；

有填料煤气净化设备喷嘴前的压力宜为 0.05~0.1MPa。

14.6.5　无烟煤系统和焦炭系统的冷煤气循环水的给水温度不宜大于 28℃，夏季最高水温不宜大于 35℃。

14.6.6　烟煤系统的冷煤气冷循环水的给水温度不宜大于 28℃，夏季最高水温不宜大于 35℃。烟煤系统的冷煤气热循环水的给水温度不应小于 55℃。

14.7　接触煤气的循环水，应与不接触煤气的水封用水和设备冷却水、蒸汽冷凝水、生活用水等的排水分流。

14.8 冷煤气站站区内接触煤气的洗涤冷却水、水封用水和煤气排水器用水，必须设封闭循环水系统。

14.9 热煤气站的湿式盘阀、旋风除尘器、热煤气管道灰斗底部以及其他煤气设备的水封用水，不应直接排入室外排水管道。

14.10 厂区和车间煤气管道排水器的排水，应集中处理。

14.11 接触煤气的循环水冷却塔宜采用风筒自然通风。

14.12 接触煤气的循环水系统，宜设调节池。

14.13 接触煤气的循环水沉淀池、水沟等构筑物，应采取防止循环水渗入土壤污染地下水的措施，并应设清理污泥的设施；水沟之间必须有排除地面水的管渠。

14.14 循环水系统的冷却塔不宜设备用。当冷却塔检修时，应采取不影响生产的措施。

14.15 循环水水沟应设盖板。

14.16 煤焦油应采用封闭式输送系统，并宜采用蒸汽保温的管道输送。

14.17 循环水泵房的吸水井，应设水位标尺。

14.18 煤气站的循环水系统应设置贮运煤焦油、循环水沉渣的设施。

14.19 循环水沉淀池的周围应设置栏杆。

14.20 运煤系统建筑物内，宜设置用水冲洗地面的设施。

15 热工测量和控制

15.1 煤气站应根据安全、经济运行和核算的要求，装设测量仪表和自动控制调节装置。

15.2 煤气站的报警信号应符合下列规定：

15.2.1 当空气总管的空气压力下降到设计值时，应发出声、光报警信号；当压力继续下降到允许值或空气鼓风机停机时，应自动停止煤气排送机，并发出声、光报警信号。

15.2.2 当煤气排送机前低压煤气总管的煤气压力下降到设计值时，应发出声、光报警信号；当继续下降到允许值时应自动停止煤气排送机，并发出声、光报警信号。

15.2.3 当电气滤清器出口煤气压力下降到设计值时，应发出声、光报警信号。

15.2.4 当电气滤清器绝缘子箱内的温度下降到设计值时，应发出声、光报警信号。

15.2.5 电气滤清器应装设煤气含氧检测装置。当氧含量大于0.8%（体积比）时，应发出声、光报警信号；当达到1%时（体积比）应自动或手动切断高压电源。

15.2.6 当大型煤气站的煤气排送机、空气鼓风机轴承温度大于65℃或油冷却系统的油压小于50kPa时，应发出声、光报警信号。

15.3 煤气发生炉应设空气饱和温度自动调节装置。

15.4 煤气站宜设置生产负荷自动调节装置，应设汽包水位自动调节装置。

15.5 煤气站的检测控制系统宜采用电子计算机为基础的装备和技术。其设计应符合我国现行的标准，并与同期的计算机技术水平相适应。

16 采暖、通风和除尘

16.1 煤气站各主要生产房间的采暖室内计算温度，除应符合现行国家标准《工业企业设计卫生标准》的有关规定外，尚应符合表5的规定。

表5 煤气站各主要生产房间的采暖室内计算温度

房间的名称	温度/℃
主厂房发生炉炉面操作层	16
主厂房其余各层	5~10
煤气排送机间、空气鼓风间	10
循环水泵房	16
运煤栈桥、破碎筛分间、焦油泵房等经常无人操作的房间	5
工人值班室、控制室、整流间、化验室	16~18

16.2 主厂房宜设机械通风设施。主厂房操作层的换气次数每小时不宜小于5次，并宜设夏季用的局部送风设施；主厂房底层及贮煤层的换气次数每小时不宜小于3次；在炎热地区，主厂房宜设有天窗或自然排风设施。

16.3 当煤气发生炉的加煤机与贮煤斗连接且主厂房贮煤层为封闭建筑时，在贮煤斗内应设置供排放泄漏煤气用的放散管；当煤气发生炉的加煤机与贮煤斗不相连接时，在加煤机的上方，宜设机械排风装置。

16.4 煤气排送机间必须设正常和事故排风装置，其换气次数应符合下列要求：

16.4.1 当煤气排送机轴承处设局部排风罩时，正常换气次数为每小时6次。

16.4.2 当煤气排送机轴承处不设局部排风罩时，正常换气次数为每小时8次。

16.4.3 事故排风换气次数为每小时12次（包括正常换气次数），其排风装置的开关应与可燃气体检测器报警信号联锁，排风装置的手动开关应在室内外分别设置，并应便于操作。

16.5　煤气排送机间内送风口的布置，应采取避免使送出的空气经过煤气排送机到达工人经常工作地点的措施。

16.6　机械化运煤系统的破碎机、振动筛和产生粉尘的转卸点，应设机械通风除尘设施。

16.7　通风系统的室外进风口，不应靠近煤气净化设备区。

17　电气

17.1　煤气站用电设备属于二级负荷，其供配电设计应符合现行国家标准《供配电系统设计规范》的有关规定。

17.2　煤气站属于爆炸和火灾危险场所，其爆炸及火灾危险区域分类等级的划分见附录E。电力装置设计应符合现行国家标准《爆炸和火灾危险环境电力装置设计规范》的有关规定。

17.3　煤气站的建筑物和构筑物、室外煤气设备及煤气管道的防雷设计，应符合现行国家标准《建筑物防雷设计规范》的有关规定。

煤气站建筑物内工业控制计算机系统防雷设计，应符合现行国家标准《建筑物电子信息系统防雷技术规范》的有关规定。

防直击雷、防雷电感应、防雷电电磁脉冲及防静电的接地装置，宜与电气设备的接地装置合并设置，合并接地电阻值应取其中要求的最小值。

17.4　照明设计应符合现行国家标准《建筑照明设计标准》的有关规定。根据生产环境选择与其相适应的照明设备和灯具。在主厂房、煤气排送机间、空气鼓风机间、煤气净化设备和运煤系统等处，均应设置检修照明。

主厂房、煤气排送机间内各设备的操作岗位处和控制室，应设置备用应急照明，主厂房的通道处应设置应急疏散照明。

17.5　煤气站内各操作室应设有通讯设施，如调度电话、行政电话等。

17.6　煤气站的加煤间，排送机间等危险场所宜设置可燃气体检测器、有毒气体检测器，其报警装置宜集中设置。

17.7　可燃气体检测器、有毒气体检测器的安装和使用，应符合现行国家标准《爆炸和火灾危险环境电力装置设计规范》和《石油化工企业可燃气体和有毒气体检测报警设计规范》的有关规定。

17.8　煤气排送机的电动机，必须与空气鼓风机的电动机或空气总管空气压力传感装置联锁，并应符合下列规定：

17.8.1 空气鼓风机启动后，方应启动煤气排送机；当空气鼓风机停止时，应自动停止煤气排送机，联锁装置应能使所有空气鼓风机互相交替工作。

17.8.2 当空气总管的空气压力升到设计值以上时，方应启动煤气排送机，当降到允许值时，应自动停止煤气排送机。

17.9 煤气排送机的电动机，必须与煤气排送机前低压煤气总管的煤气压力传感装置进行联锁。当压力下降到允许值时，应自动停止煤气排送机。

17.10 连续式机械化运煤和排渣系统，其各机械之间应设电气联锁。

17.11 主厂房、煤气排送机间内各设备的操作岗位处和控制室、煤气防护站、主厂房的通道处，应设应急照明。

17.12 当煤气排送机、空气鼓风机的电动机采用管道通风时，其电动机与通风机的电动机之间应设电气联锁。

18 建筑和结构

18.1 煤气站生产的火灾危险性分类和厂房耐火等级，应符合现行国家标准《建筑设计防火规范》的规定：

18.1.1 主厂房、煤气管道排水器室属于乙类生产厂房，煤气排送机间属于乙类生产厂房，其建筑耐火等级应不低于二级。

18.1.2 加煤机与贮煤斗相连且为封闭建筑的主厂房贮煤层、煤气排送机间、煤气管道排水器室，属于有爆炸危险的厂房，应采取泄压措施，设计应符合现行国家标准《建筑设计防火规范》的规定。

18.1.3 主厂房的操作层宜采用有外围构造的封闭建筑。应设通往煤气净化设备平台或热煤气用户的通道。

18.1.4 主厂房各层的安全出入口数目，不应少于2个。当每层建筑面积小于等于150m^2，且同一时间生产人数不超过10人时，可设置一个安全出口。

18.1.5 主厂房的底层宜采用混凝土地面层，楼层宜采用防滑地砖面层。

18.2 煤气站排送机间的设计应符合下列规定：

18.2.1 操作间宜采用通风良好的封闭建筑。

18.2.2 操作间应设有隔声的观察值班室。

18.2.3 煤气排送机间、鼓风机间应有综合的噪声控制措施，设备基础应有防振设施。

18.2.4 煤气排送机间设2个安全出口，当每层面积不大于150m^2 时可设1个。

18.3 煤气站内的化验室、整流间、控制室和办公室等辅助间应按生产要求及房屋性质配置设计。

18.4 室外煤气净化设备区应符合下列规定：

18.4.1 地面：铺设混凝土地坪。

18.4.2 净化设备平台，宽度不小于0.8m，平台面应有防滑措施。

18.4.3 净化设备平台应设1.2m高栏杆。栏杆底设150mm高挡板。

18.4.4 平台扶梯宜作斜板，竖直梯2m以上部分应设护笼。

18.4.5 室外净化设备的联合平台，长度≥15m者应设2个安全出口。平台通往地面的扶梯、相邻平台和厂房的走道，均可视为安全出口。

18.4.6 由平台最远处至安全出口的距离不应超过25m。

18.5 水沟、沉淀池、调节池和焦油池均应采用钢筋混凝土结构。水沟和焦油沟应设盖板，盖板顶标高：

在室内与地面相同；

在室外应高于附近地面150mm。

18.6 煤气站主厂房，设计应预留能通过煤气发生炉搬运设备的安装洞，安装洞与门窗洞或非承重墙可结合考虑。

18.7 煤气站设计的柱距、跨度、层高在满足工艺设计的要求下宜符合现行国家标准《厂房建筑模型协调标准》的规定。

18.8 需扩建的煤气站，土建应留有扩建的措施。

18.9 辅助房屋设置：

18.9.1 煤气站生活间的面积指标应按现行国家标准《工业企业设计卫生标准》有关规定设计。办公室的面积指标可按煤气站所在地区的规定选用。

18.9.2 煤气站卫生等级属于2级。

18.10 煤气站的楼地面和屋面的荷载，应根据工艺设备和检修的荷载要求确定。

19 煤气管道

19.1 煤气管道的设计、制造、安装、使用、检验和修理改造应符合《压力管道安全管理与监察规定》中GC_2类压力管道的相关要求。

19.2 厂区煤气管道应架空敷设，并应符合下列规定：

19.2.1 应敷设在非燃烧体的支柱或栈桥上。

19.2.2 沿建筑物的外墙或屋面上敷设时，该建筑物应为一、二级耐火等级的丁、戊类生产厂房。

19.2.3 不应穿过放易燃易爆物品的堆场和仓储区以及不使用煤气的建筑物。

19.2.4 厂区架空煤气管道与建筑物、构筑物和管线的最小水平净距，应符合本规范附录 A 的规定。

19.2.5 厂区架空煤气管道与铁路、道路、架空电力线路和其他管道之间的最小交叉净距，应符合本规范附录 B 的规定。

19.3 架空煤气管道可与水管、热力管、不燃气体管、燃油管、氧气管和乙炔管伴随敷设，并应符合下列规定：

19.3.1 厂区架空煤气管道与水管、热力管、不燃气体管和燃油管在同一支柱或栈桥上敷设时，其上下平行敷设的垂直净距不应小于 250mm 且应满足各管道上关断、排气、测控设施的操作距离要求。

19.3.2 厂区架空煤气管道与氧气、乙炔管道共架敷设时，应符合现行国家标准《氧气站设计规范》及《乙炔站设计规范》的规定。

19.3.3 厂区架空煤气管道与其他管道在同一支架上敷设时，其平行敷设的最小水平净距，应符合本规范附录 C 的规定。

19.3.4 车间内架空的冷煤气管道与其他管道平行、上下和交叉敷设时，其最小净距应符合本规范附录 D 的规定。

19.3.5 利用煤气管道及其支架设置其他管道的托架、吊架时，管道之间的最小净距，应符合本规范附录 D 的规定，并对管组进行柔性计算，以便采取措施消除管道不同热膨胀的相互影响。

19.3.6 煤气管道与输送腐蚀性介质管道共架敷设时，煤气管道应架设在上方；对于易漏气、漏油、漏腐蚀性液体的部位，应在煤气管道上采取保护措施。

19.4 煤气管道支架上不应敷设电缆，但经桥架铺装的电缆及用钢管布线的电缆可敷设在支架上，其间距应符合附录 D 的要求。

19.5 厂区架空煤气管道与架空电力线路交叉时，煤气管道应敷设在电力线路的下面，并应在煤气管道上电力线路两侧设有标明电线危险、禁止通行的栏杆；栏杆与电力线路外侧边缘的最小净距，应符合本规范附录 A 的规定；交叉点两侧的煤气管道及其支架必须可靠接地，其电阻值不应大于 10Ω。

19.6 煤气管道应设导除静电的接地设施。

19.7 煤气管道与铁路、道路的交叉角不宜小于 45°，其交叉净距应符合附录 B 的要求。

19.8 敷设在建筑物上的煤气管道，在与建筑物沉降缝的相交处，不应设固定支架。

19.9　冷煤气管道在用户的进口处，应设阀门和放散管，其位置宜设在用户的墙外，并应设操作平台。

19.10　车间煤气管道应架空敷设。与设备连接的支管架空敷设有困难时，可敷设在空气流通但人不能通行的地沟内。除供同一用户用的空气管道外，不应与其他管线在同一地沟内敷设。

19.11　厂区冷煤气管道的坡度不宜小于0.005；车间冷煤气管道的坡度不宜小于0.003。管道最低点应设有排水器。

19.12　煤气管道支架间的允许最大跨度，应根据管道、冷凝水和保温层的重量、风和雪的荷载、内压力及其他作用力等因素，按强度计算确定；并应验算煤气管道的最大允许挠度。

湿陷性黄土地区的厂区架空煤气管道的强度及支架的荷载均应按其中任一支架下沉失去支撑作用后的条件进行设计。

19.13　在室外采暖计算温度低于-5℃的地区，厂区冷煤气管道的排水器应采取防冻设施。

19.14　寒冷地区，冷煤气管道和阀门应根据当地气温条件、煤气管道长度、负荷高低等因素进行保温的设计。

19.15　煤气管道应采取热胀冷缩的补偿措施。当自然补偿不能满足要求时，可采用补偿器进行补偿。

19.16　煤气管道的连接，应采用焊接。但热煤气管道的连接，可采用法兰。煤气管道与阀门或设备的连接应采用法兰，但在与管道直径小于50mm的附件连接处，可采用螺纹连接。

19.17　冷煤气管道的隔断装置，应按现行国家标准《工业企业煤气安全规程》的要求选择采用封闭式插板阀、密封蝶阀、水封或明杆闸阀等装置；但管道直径小于50mm时，可采用旋塞；管道检修需要隔断处，应增设带垫圈及撑铁的盲板或眼镜阀。

热煤气管道的隔断装置，应采用盘形阀或水封；当阀门安装高度大于2m时，宜设置平台。

19.18　吹扫用的放散管，应设在以下地点：

19.18.1　煤气管道最高处。

19.18.2　煤气管道的末端。

19.18.3　煤气管道进入车间和设备的进口阀门前，但阀门紧靠干管的可不设放散管。

19.19　煤气管道和设备上的放散管管口高度，应符合下列规定：

19.19.1　应高出煤气管道和设备及其平台 4m，与地面距离不应小于 10m。

19.19.2　厂房内或距厂房 10m 以内的煤气管道和设备上的放散管管口高度，应高出厂房顶部 4m。

19.20　厂区煤气管道上，宜在阀门、计量装置、调节阀等处设置人孔或手孔。在独立检修的管段上，人孔不应少于 2 个；在煤气管道经常检查处，应增设人孔或手孔。

人孔的直径不应小于 600mm；在直径小于 600mm 的煤气管道上，宜设手孔，其直径与管道直径相同。

19.21　热煤气管道应设保温层。热煤气站至最远用户之间热煤气管道的长度，应根据煤气在管道内的温度降和压力降确定，但不宜大于 80m。

两段煤气发生炉的热煤气管道，当压力降允许时，其长度可大于 80m。

19.22　热煤气管道应设灰斗，灰斗的间距应根据有利于清灰的原则确定，灰斗下部应设排灰装置。

19.23　热煤气管道上应设吹扫孔或机械清灰装置。

19.24　在煤气排送机前的低压煤气总管上，宜设爆破阀或泄压水封。

注：本标准的附录未选编，如需要可另行参考。

附录2

氧化铝安全生产规范
（本规范现为讨论稿）

1　范围

本标准规定了氧化铝生产的安全要求。

本标准适用于氧化铝厂的生产、设备检修和施工安装。

2　规范性引用文件

下列文件中的条款通过本标准的引用而成为本标准的条款。凡是注日期的引用文件，其随后所有的修改单（不包括勘误的内容）或修订版均不适用于本标准，然而，鼓励根据本标准达成协议的各方研究是否可使用这些文件的最新版本。凡是不注日期的引用文件，其最新版本适用于本标准。

GB4053.2 固定式钢斜梯安全技术条件

GB4053.3 固定式工业防护栏杆安全技术条件

GB4387 工业企业厂内铁路、道路运输安全规程

GB4792 放射卫生防护基本标准

GB5082 起重吊运指挥信号

GB5786 道路交通标志和标线

GB6067 起重机械安全规程

GB6222 工业企业煤气安全规程

GB6389 工业企业铁路道口安全标准

GB7321 工业管路基本识别色和识别符号

GB9087 工业炉窑大气污染物排放标准

GB14784 带式输送机安全规范

GB16912 氧气及相关气体安全技术规程

GB50030 氧气站设计规范

GB50031 乙炔站设计规范

GB50034 工业企业照明设计标准

GB50235 工业金属管道施工及验收规范

GB50016 建筑设计防火规范

GBJ22 厂矿道路设计规范

GBJ87 工业企业噪声控制设计规范

GBZ1 工业企业设计卫生标准

GBZ2 工作场所有害因素职业接触限值

3　安全管理

3.1　新建、改建、扩建工程项目的安全设施，应与主体工程同时设计、同时施工、同时投入生产和使用。安全设施的投资应纳入建设项目概算。

3.2　建设项目施工应按设计进行。变更安全设施，应经设计单位书面同意。工程中的隐蔽部分，应经设计单位、建设单位、监理单位和施工单位共同检查合格，方可进行隐蔽。施工完毕，施工单位应将竣工说明书及竣工图交付建设单位。

3.3　建设工程的安全设施竣工后，应经验收合格方可投入生产。

3.4　建立健全安全管理制度，完善安全生产责任制。

厂长（经理）对本企业的安全生产负全面责任，各级主要负责人对本部门的安全生产负责。

各级机构对其职能范围的安全生产负责。

3.5　依法设置安全生产管理机构或配备专（兼）职安全生产管理人员，负责管理本企业的安全生产工作。厂长（经理）应具备相应安全生产知识和管理能力。

3.6　建立健全安全生产岗位责任制和岗位安全技术操作规程，严格执行值班制和交接班制。

3.7　认真执行安全检查制度，对查出的问题应提出整改措施，并限期整改。

3.8　普及安全知识和安全法律法规，定期对员工进行安全生产和劳动保护教育，员工经考核合格方可上岗。

新工人入厂，应接受“三级”安全教育，经考试合格后由熟练工人带领工作，直到熟悉本工程操作技术并经考核合格，方可独立工作。

调换工种和脱岗三个月以上重新上岗的人员，应事先进行岗位安全培训，并经考核合格方可上岗。

外来参观或学习的人员，应接受必要的安全教育，并应由专人带领。

3.9　特种作业人员和要害岗位、重要设备与设施的作业人员，均应经过专门的安全教育和培训，并经考核合格、取得操作资格证，方可上岗。

3.10　采用新工艺、新技术、新设备，应制定相应的安全技术措施；对有关生产人员，应进行专门的安全技术培训，并经考核合格方可上岗。

3.11 企业应为员工提供符合国家标准或行业标准的劳动防护用品，员工作业过程中应正确佩戴和使用劳动防护用品。

3.12 安全装置和防护设施保持完好，不得擅自拆除。

3.13 建立火灾、爆炸、触电和毒物逸散等重大事故的应急救援预案，配备必须的应急物资，定期组织应急救援预案的演练。

3.14 发生伤亡事故，应按国家有关规定报告和处理。

4 厂址选择

4.1 厂（车间）位置的选择

4.1.1 选择厂（车间）的位置，应注意工程地质条件和洪水、海潮、飓风、滑坡等灾害的危害，并按地震烈度等级标准设防。严禁在不能确保安全的水库、尾矿坝下游建厂。

4.1.2 厂（车间）应位于居住区常年最小频率风向的上风侧和当地生活水源的下游，并应有适当的安全健康防护距离。

4.1.3 选择厂址时，不应邻近居民区、风景旅游区、文物保护区、生活水源地和重要农业区；同时考虑“三废”排放、弃置及噪声、电网闪烁等公害所产生的影响，并采取必要的防护措施。

4.1.4 各车间及设施的位置应符合防火、防爆、防震、工业卫生、运输安全等有关规程（规范）的规定及安全技术要求。

4.2 厂（车间）的布置

4.2.1 主体车间的布置，应根据各种物料的流向，保证其能顺畅运行，互不交叉、干扰，并尽可能缩短大宗物流的运输距离。

4.2.2 主体车间与各辅助车间（设施），应布置在生产流程的顺行线上；

4.2.3 主体车间，应按从原料至成品的生产流程，以各工序分区作业为原则，合理布置各工艺装备及生产设施，确保各工序安全、顺行。

4.2.4 厂区内，应按消防规定设置必要的消防设施和消防通道，设置消防设施的地点，应有明显的标志牌。

5 厂区与厂房

5.1 厂房

5.1.1 厂房设计应考虑良好的通风散热与采光条件：回转窑等热源点上方，应有良好的通风道；热源点周围的建、构筑物应考虑高温影响，采取相应的隔热防护措施。

5.1.2 厂房结构应考虑风、雨、雪、积尘等动（静）载荷及各种自然因素影响，主厂房屋面四周应设栏杆，并在适当位置设置清扫通道等；厂房应合理布置登上屋面的消防梯与检修梯。

5.1.3 主厂房，地坪应设置宽度不小于1.5m的人行安全走道，走道两侧应有明显的标志线；主厂房及其他中、重级工作类型桥式起重机的厂房，应设置双侧贯通的起重机安全走道，轻级工作起重机厂房，应设单侧贯通的安全走道，走道宽度应不小于0.8m。

5.1.4 厂房四周设有道路，且与厂内主干道相连；在主要道路及交叉路口，应设消防栓。

5.1.5 桥式起重机司机室与电源滑线，原则上应相对布置；若两者位于同一侧，则应有安全防护措施。

5.1.6 在生产作业区域或有关建筑物危险有害部位设置符合标准规定的安全标志，存在有毒有害气体的场所应配备急救设施。

5.1.7 厂房、烟囱等高大建筑物及易燃、易爆等危险设施，应按国家标准安装避雷设施。

5.2 建构筑物

5.2.1 各种建构筑物的建设，符合土建规范；各种设备与建构筑物之间，留有满足生产、检修需要的安全距离；移动车辆与建构筑物之间，应有0.8m以上的安全距离。

5.2.2 易受高温辐射的建构筑物，应有防护措施；所有高温作业场所，均应设置通风降温设施。

5.2.3 防火设施的设置符合消防法规、标准的规定；主控室、电气间、电缆隧道、可燃介质的液压站等易发生火灾的建构筑物，应设自动火灾报警装置，车间应设置消防水系统与消防通道。

5.2.4 厂房内梯子应采用不大于45°的斜梯（特殊情况允许采用60°斜梯与直爬梯），梯子设置应符合GB 4053.1、GB 4053.2的规定。

5.2.5 操作位置高度超过1.5m的作业区，应设固定式或移动式平台；固定式钢平台应符合GB 4053.4的规定，平台负荷应满足工艺设计要求。高于1.5m的平台，宽于0.25m的平台缝隙，深于1m的敞口沟、坑、池，其周边应设置符合GB 4053.3规定的安全栏杆（特殊情况例外），不能设置栏杆的，其上口应高出地坪0.3m以上。平台、走廊、梯子应防滑。

5.2.6　控制室、电气室的门，均应向外开启；主控室，应按隔声要求设计；主控室应设置紧急出口。

5.2.7　易积水的坑、槽、沟，应有排水措施；密闭的深坑、池、沟，应考虑设置换气设施，以利维护人员进入。

5.2.8　车间紧急出入口、通道、走廊、楼梯等，应设应急照明，其设计应符合 GB 50034 的规定。

6　通用规程

6.1　个体劳动防护用品

6.1.1　工作服统一样式、颜色，冬夏分开，领口、袖口、下摆“三紧”，整洁干净。

6.1.2　按规定正确佩戴安全帽，系好下额带。

6.1.3　按规定正确穿戴好防护鞋。电焊工、电工必须穿绝缘鞋，鞋带要系牢。登高架设作业禁止穿硬底鞋。

6.1.4　接触酸碱的车间现场必须戴好防护眼镜。

6.1.5　进入高噪声厂房、机器房内巡检、操作维护、检修设备，必须戴好护耳器，保护听力不受伤害。

6.1.6　在含尘岗位现场（清扫卫生）必须戴防尘口罩。

6.1.7　距基准面 2m 以上高处作业，必须正确使用安全带或安全绳。

6.1.8　女职工工作时要将长发盘在安全帽内，在车床（机器）运转中操作和清扫、维护设备不准戴围巾、手套。

6.2　遵章守纪

6.2.1　上岗前严禁饮酒（包括含酒精饮料）。

6.2.2　严禁在厂房内嬉笑、打闹、追逐。

6.2.3　严禁在厂房内洗衣服，在岗位、电气设备附近晾晒衣物。

6.2.4　工作时间严禁脱岗、睡岗、串岗，严禁从事与生产、清检、办公无关的事情。

6.2.5　禁止把小孩带到生产岗位。

6.2.6　严禁无证进行电工、电气焊、起重设备、承压设备、登高架设等特种作业。

6.2.7　严禁无证驾驶一切机动车辆，驾驶人员有权拒绝驾驶安全装置不齐或失灵的任何车辆，严禁有证司机随意将车辆给无证人员驾驶。

6.2.8 未经许可，严禁随意开动他人负责的机器设备及安全装置，拒绝开动和使用有危及生命安全的器具和设备。各种设备、器具开始使用前要进行检查、确认，确认安全后才能开动。

6.2.9 使用行灯电压不得大于36V、进入潮湿密闭容器内作业不得大于12V。

6.2.10 禁止穿越裙式机、皮带机、磨机等运行的输送、旋转机械设备，禁止在螺旋盖上和各种流槽盖上行走。通道部分应设过桥。

6.2.11 地面、人员作业平台上的坑、沟、池都要有盖板或围栏。临时开挖的坑、沟或在通道上设置的钢丝绳等障碍物，要有明显的警告标志，夜间要设置警示灯。

6.2.12 严禁在起吊运行的吊车、电葫芦下方通行或逗留，检查设备运转部位时严禁戴手套。

6.2.13 货物电梯和提升设备严禁载人。

6.2.14 严禁在高温、高压、高转速设备附近存放工具、材料；严禁无故长时间在高温、高压、高转速设备、熟料窑、铝氧窑看火孔、投下料口等危险部位停留。

6.2.15 严格执行电气作业安全规定：检查电机温度时禁止用手掌触摸；严禁用湿手检查电气设备和按设备启动按钮；严禁打扫卫生时直接用水冲洗电机、开关盒；严禁员工休息时脚踩操作开关盘；严禁未戴绝缘手套使用手提电动工具；严禁将盛水容器放在电器开关箱上；严禁在操作室内电盘后乱放杂物、物件、工具和将喝水杯放在电盘上；严禁电磁站、配电室无故不上锁；严禁在进行电气检修工作时停电后及施工前未验电、放电而直接进入现场施工；严禁在电气检修、试验等危险作业时不设监护人。

6.2.16 泵工在换盘根时必须停电挂牌，严禁不通知受料单位直接开启设备送料。

6.2.17 禁止随意拆除各类设备防护罩，地沟盖板等挪作他用；检修完后各类防护罩、地沟盖板等应及时恢复。

6.2.18 严禁在明令禁火区内吸烟：禁火区内施工必须办理动火审批手续；严禁携带火种进入防火区域；在重点防火岗位检修维护设备时禁止使用非防爆工具。

6.3 施工、检修、清理作业

6.3.1 设备检修清理作业必须严格执行停电挂牌制度。

6.3.2 进槽内检修清理及管道合叉，由生产操作人员将所有进出料管道关好考克，加好插板，并挂禁动牌，确保不进入溶液、料浆、二氧化碳等有毒气体，由施工清检人员进行安全确认后方可施工。

6.3.3　所有设备的运转传动危险部位都必须安装防护装置，不得留有过长的螺丝顶丝。

6.3.4　带料受压管道、容器禁止重力敲打和拉挂负重；拆卸蒸汽、溶液、料浆管道以及槽子人孔、吹灰缸等，要将汽、料、风放尽；工作时不要垂直面对法兰，卸螺丝由下而上，注意物料喷出，漏料伤人。

6.3.5　多人清理管道、拖、拉转动或将要卸完最后一个螺丝时，要互相照看、统一行动，使用风镐作业，休息时间要将钎子拔出，以防伤人。

6.3.6　使用电气设备，电动工具，要有良好的接地保护装置，使用手提电动工具必须戴好绝缘手套。

6.3.7　允许进大窑、石灰炉、各种槽、罐等容器内工作的气流温度为50℃以下，但必须二人同时在场，内外相互监护，互相照顾。进入前要先观察有无脱落的结疤、耐火砖等。清理洗涤塔及二氧化碳管道时，进入前必须对危害气体进行检测，确认安全并做好一切安全措施，进入一次的时间不得大于20min。

6.3.8　进入煤粉仓内检修、清理必须将煤粉排空，打开人孔门，进行气体置换2h以上，确认无问题后，扎好安全带，并设专人现场监护，方可进入作业。

6.3.9　打大锤时锤头要牢固，对面勿站人，两人不得站在同一边，三人要呈三角形。对锤头要经常进行检查，发现锤顶淬火物应不得再用，以防锤击飞溅伤人。

6.3.10　检修清理作业使用工具材料不得存有安全隐患（如考克、扳手内孔磨圆、钢丝绳套断股等），严禁工具带病使用。

6.3.11　在各类磨机、窑体上作业必须扎安全带（或安全绳），在活动爬梯上作业必须设专人扶梯保护。

6.3.12　清理检修作业必须制定切实可靠的安全措施，并进行现场安全确认，每项工作都必须设置安全监护人并严格履行职责。

6.3.13　从事特种作业人员必须经过专业技能培训，并持证上岗，严禁无证操作。

6.3.14　电工停送电必须戴绝缘手套，在电磁站内检修必须使用隔离板；必须穿绝缘鞋；维护电工外出作业必须两人同去，并确定一名为安全监护人；处理电机接线盒等一般电气故障必须拔保险并挂停电牌；电工检修用电设备也必须执行停电挂牌制度。

6.3.15 起重作业人员使用电葫芦停用时开关必须停电；使用起重设备钢丝绳固定端必须有绳卡固定牢固；起重作业休息时严禁将吊物悬在空中；严禁各类吊车在工作满负荷时或接近负荷时同时进行两种以上动作。

6.3.16 使用气焊作业严禁将乙炔、氧气瓶存放一室，使用时间距大于5m；禁止用氧气给车胎充气；严禁用钢丝绳直接捆绑、吊运氧气、乙炔气瓶；严禁气瓶缺圈少帽、在夏季炎热阳光下暴晒；严禁乙炔瓶卧放使用；电气焊作业现场与易燃易爆及化学品距离必须大于10m；气焊作业不得存在漏气、氧气、乙炔气表损坏或不显示压力；严禁氧气瓶、乙炔瓶与易燃易爆品、与使用的电焊机混放；禁止在电盘附近放置气瓶，严禁坐在氧气、乙炔气瓶上或距气瓶2m内吸烟。

6.3.17 电焊机外壳必须接零保护；禁止在雨天露天电焊作业；电焊机一次线长度不得大于2m，二次线接头不得漏电；严禁二次回路线用厂房金属框架或生产管网代替；电焊作业必须戴电焊手套、穿绝缘鞋、戴防护镜；在容器内电焊作业必须设专人监护。

6.3.18 外来施工单位必须办理安全作业措施和安全用电手续并经专业管理部门审批，方可进入单位现场施工。

6.3.19 患有严重心脏病、高血压、贫血症、癫痫症及其他不适宜高处作业人员，禁止从事高处作业。

6.3.20 高处作业必须有安全设施，如设置围栏、安全网。遇有恶劣气候（如风力超过6级、暴风雨等）影响施工安全时，必须停止高处作业。

6.3.21 在活动梯子上作业，梯子要牢固，防滑，并设专人扶梯监护。

6.3.22 高处作业在高处所用材料应堆放稳妥，所有工具应随手装入工作袋内，防止坠落伤人。

6.3.23 严禁高处往下抛掷物料。

6.3.24 搭设脚手架及架板必须捆扎或螺丝紧固，不得超负荷使用。立杆及横杆的大小、间隔根据材料和施工要求确定。

6.3.25 3m以上脚手架必须设防护栏，6m以上脚手架必须设安全网；脚手架上堆放物料和作业人员总重量不能超过$270kg/m^2$。

6.4 交通、消防

6.4.1 严禁驾驶员酒后驾车、疲劳驾驶。

6.4.2 严禁违反车速规定超速驾驶，厂区行驶车速不得超过20km/h，进入大门或转弯处时速不得超过5km，雨季严禁车速过快。

6.4.3 驾驶厂内机动车辆必须携带驾驶证和特种设备作业人员资格证。

6.4.4 严禁车辆未熄火就进入车下检修。

6.4.5 严禁生产车辆载人、人货混装。

6.4.6 开叉车、翻斗车必须戴安全帽，开吊车、电瓶车人员在现场必须戴安全帽。

6.4.7 生产岗位安全消防器材不得随意挪动，因故使用消防器材必须立即汇报、处理。

6.4.8 消防器材定时校验、超过有效期限不得继续使用。

6.4.9 严禁在明令禁火区内吸烟。

6.4.10 严禁用汽油、易挥发溶剂清洗设备、衣物、工具及地面。

6.4.11 严禁在车间、班组、岗位各类材料库内混合存放各类油脂、油漆、易燃易爆等危险品，禁止在各类仓库内使用大于60W功率的灯泡。

7 烧结法工艺

7.1 生料磨制

7.1.1 司炉工岗位

7.1.1.1 使用中的设备（卷扬、下料漏斗、布料器等）应定期进行检测，凡设备出现裂纹破损，炉体焊缝开裂，明显变形，机械失灵，衬砖损坏，超过规定均应报修或报废。

7.1.1.2 不停风清理炉或处理结瘤，必须两人同时进行，不适应症者严禁进入炉内工作。

7.1.1.3 凡登炉顶必须与班长或司炉工联系，填写登进炉卡片，并在司炉岗位挂牌，经许可后才能登炉。在炉顶工作应站在上风处，两人以上共同进行，相互监护，六级以上大风禁止登炉，登炉时携带物品不得超过20kg。严禁从炉顶向下扔东西。

7.1.1.4 清理洗涤塔，CO_2平管等必须由专人负责，隔绝炉气，插死各炉CO_2管道插板，并用沙土密封好。停风后，开压缩机抽空气0.5h后方能工作。进入洗涤塔平管，必须两人以上在现场，有人监护，进入一次的时间不超过10min。制定可靠措施及事故应急预案。

7.1.2 加料室岗位

7.1.2.1 设备运转时，注意电流波动，电磁开关运作情况。斗子到顶前注意过顶（看坠轮），斗子到底前注意蹲底（看卷筒绳），注意焦石虎口装料。

7.1.2.2 凡登炉顶必须与班长或司炉工联系，填写登进炉卡片，并在司炉岗位挂牌，经许可后才能登炉。在炉顶工作应站在上风处，两人以上共同进行，相互监护，六级以上大风禁止登炉，登炉时携带物品不得超过20kg。严禁从炉顶向下扔东西。

7.1.2.3 清理卷扬下部，必须打到手动。禁止一切人员乘坐斗子上下炉顶。

7.1.2.4 炉顶处理卡料，必须两人以上共同进行，相互监护，并联系司炉工必须减风到负压，严禁站在料盘上处理。

7.1.3 石灰输送岗位

7.1.3.1 凡涉及人身与设备安全或工艺要求的相关设备之间或单一设备内部的工作程序，应设置程序联锁（如皮带输运机）。前一程序未完成，后一程序不能启动，无论手动还是自动操作都应遵守程序联锁，但单体试运转可以暂时隔离联锁。

7.1.3.2 皮带主、被动轮进入杂物、瘤块或挤住，严禁开着车用手去拿，应停车处理。

7.1.3.3 更换保护皮子、静电收尘器要切断电源，挂好停电牌，敲打拔气筒细灰后才能进行。

7.1.4 化灰机岗位

7.1.4.1 严禁站在化灰机上方震打化灰机。

7.1.4.2 注意石灰乳烧伤，一旦石灰溅入眼内，不要用手揉，要立即用清水冲洗。

7.1.5 颚式机岗位

7.1.5.1 运转中虎口进铁，切勿观望，须立即停止下料。割铁时必须拉下保险，同时拔下裙式机保险，由专人监督，有防护措施方可进行。

7.1.5.2 因木块或其他杂物堵塞需进料口处理时，必须拉下裙式机三相刀闸，扎好安全带，由专人监督。

7.1.5.3 开单套时，将另一套设备的三相刀闸拉下来，以防开错车。

7.1.5.4 检查弹簧拉杆时站在侧面。投虎口要站稳，撬棍不得放在虎口上，以防滑下。

7.1.5.5 扒道轨必须在火车走后进行，过铁道时须注意火车与吊车。

7.1.6 锥式机岗位

7.1.6.1 锥式机进铁，切勿观望，应立即停车。

7.1.6.2 进机内割铁或清料时，锥式机、回转筛必须切断电源，确认无误，挂好停电牌，插死进料管插板，同时扎固好麻袋。

7.1.6.3 调整锥式机必须有专人指挥，站稳脚，集中精力，协同一致。

7.1.7 裙式机岗位

7.1.7.1 处理裙式机料管大块时，必须停好车，处理好两个盘子上的物料，并与操作室联系好，操作人员扎好安全带，在专人指挥下方可工作。

7.1.7.2 更换保险销和改变电机正反转时，要防止电机风翅伤人。

7.1.7.3 清理饲料机上部料子或砸大块时，要注意吊车往返运行。

7.1.8 提升机岗位

7.1.8.1 进提升机内处理事故，主动轮必须插好撬棍，拔下保险，在专人监督下方可处理。

7.1.8.2 清理提升机出口时，必须停车处理。

7.1.8.3 清理1m皮带下料口时，必须停下皮带磁铁。

7.2 料浆配制

7.2.1 固体输送岗位

7.2.1.1 不准横跨皮带或躺、坐在皮带上休息。

7.2.1.2 皮带打滑或主、被动轮结疤、挤进物料时，必须停车处理。

7.2.1.3 接近传动设备时，要做到工作服“三紧”，并保持一定距离，防止伤人。

7.2.1.4 仓盖板、料管检查孔，使用完后立即盖好。

7.2.1.5 在投料管、料仓要站好位置，身体上部不准探入仓内，防止栽下伤人。

7.2.1.6 使用行灯电压不得超过24V。

7.2.1.7 砸大块倒石灰粉注意反溅伤人。

7.2.2 原料三楼收尘器

7.2.2.1 对脉冲阀及电子阀等电气设备任何人员不得擅自打开和拆卸，以免爆炸伤人。

7.2.2.2 进入收尘器内检修或清理更换布袋，首先将风源（风压）停下，停下风机和反风吹风机，挂上“有人工作，禁止合闸”的警示牌，然后卸风压管，确认无误时方可清理或更换收尘布袋。

7.2.2.3 清理检修好后，开车前对设备进行详细检查，泄去气动元件内的凝结水，查看反吹风压表在0.15~0.25MPa之间，确认各部件无误时，方准开机。

7.2.3 原料磨岗位

7.2.3.1 原料磨及附属设施应定期进行检查。检查设备零部件是否齐全，紧固可靠，有无重大设备缺陷，设备周围有无障碍物。检查料管、流槽是否畅通，检查阀门是否灵敏可靠，检查排风机、回转筛运转灵活、筛网完好、净化槽运行良好。检查各润滑部位质量是否符合要求，油量是否充足，油泵管路是否畅通，管接法兰有无泄漏。

7.2.3.2 不准从磨身下（检修、运转）通行。

7.2.3.3 紧磨身螺丝必须使用专用扳手。

7.2.3.4 打筛板眼要戴防护眼镜，遇有装球时要离开落点 2m 以外，脸部要背着装球方向，以防击物伤人。

7.2.3.5 打磨门使用大锤时，锤头要牢固，排除锤击点粘附料浆，锤头落下时面部要侧着击点，以防击物伤人。

7.2.3.6 站在筒体上部工作时，不得穿硬底鞋，并扎好安全带。

7.2.4 料浆槽

7.2.4.1 槽类设备及附属设施应定期进行检查、监测，凡槽体出现焊缝开裂、腐蚀、破损、明显变形、机械失灵、超过规定使用年限，均应报修或报废。管道均应按上述要求定期检查监测，并根据使用状况进行维修，直至报废拆除。

7.2.4.2 槽子加蒸汽时间不可过长，以免槽子温度过高，沸腾喷料伤人。

7.2.4.3 使用机械搅拌和接触电气设备时要遵守电气安全常识，不准用湿手开停电气开关，更不准用水冲刷电气设备。

7.2.4.4 槽口要随开随盖，禁止敞开。

7.2.4.5 压盘根或打开泵壳前必须将管道和泵内物料放净。

7.2.4.6 压槽子时，要戴眼镜，不要面对泵和管路的法兰，以防打垫子喷液伤人。

7.2.4.7 投管道时，要戴好眼镜，并防止管道内存料喷出伤人。

7.3 熟料烧结

7.3.1 熟料窑看火岗位

7.3.1.1 熟料窑（冷却机）定期进行检查监测，凡窑体出现裂纹破损，焊缝开裂，明显弯曲变形、衬砖损坏均应进行检修处置。

7.3.1.2 新换砖点火烘窑时，必须把窑尾立烟道小门打开，防止煤粉在电收尘系统积存燃烧、爆炸，防止大量水分进入电收尘影响送电。

7.3.1.3 设备开车时风门转速必打在最低，在（0）位启动。

7.3.1.4 防止大块冲击伤人；多人工作时必须有专人指挥。

7.3.1.5 停窑捣窑尾积料，必须有专人负责安全工作，如需翻窑，必须离开现场，防止喷料伤人。

7.3.1.6 检修翻窑时，必须先与托轮工联系，并检查窑顶、窑内、冷却机进料口，无人后方可开车。

7.3.1.7 电收尘岗位到收尘室检查或检修时，窑前必须保证操作正常，如有异常，应立即停转子秤和停电收尘。

7.3.1.8 清理的煤粉等杂物，禁止倒入窑头下料口，以防反扑烧人和造成窑的被动。

7.3.1.9 窑内长时间低温跑煤，应停窑观察，通知电收尘岗位，弄明原因再开窑处理。

7.3.1.10 岗位物品定置管理，现场保持整洁卫生，巡检通道安全畅通。

7.3.2 电收尘岗位

7.3.2.1 窑附属设施（转子秤、电除尘器、风机、裙式机等）必须定期进行检查维护。检查有无重大设备缺陷，存在问题及时联系检修处置，确保设备完好、安全运行。

7.3.2.2 为保护设备安全运行，不准超载、超温运行。

7.3.2.3 为防止过电压伤人、损坏设备，禁止运行中转动升压开关或开路（空载）运行。

7.3.2.4 高压运行中，不准打开保护网门和整流室门。

7.3.2.5 联络母线有电，在整流室内工作，禁止使用1m以上的工具。并有专人监护。

7.3.3 排风机岗位

7.3.3.1 排风机废气温度应小于300℃，如超过，通知窑前关风门；如引起严重震动，有权关小风门或停车，但尽量事先通知窑前。

7.3.3.2 电器设备附近和电缆沟处地面禁止用水冲地，以防电缆放炮伤人。手动开停车要戴胶皮手套。

7.3.3.3 运转中的设备，严禁修理和横跨。

7.3.3.4 注意设备密封，禁止冒漏。

7.3.4 熟料仓岗位

7.3.4.1 仓上盖子及探仓孔必须盖好，防止冒料和掉入东西。

7.3.4.2 传动设备安全设施不牢固不准开车。

7.3.5 高压静电收尘岗位

7.3.5.1 检查收尘筒和变压器时，必须切断电源，挂上“有人工作，禁止送电”的安全牌；接触高压部分必须先行放电。

7.3.5.2 变压器、收尘筒、控制柜必须接地良好。

7.4 熟料溶出

7.4.1 溶出槽岗位

7.4.1.1 溶出湿磨：磨及附属设施应定期进行检查，检查设备零部件是否齐全，是否可靠，有无重大设备缺陷，设备周围有无障碍物，检查料管、流槽是否畅通，检查阀门是否灵敏可靠，检查各润滑部位质量是否符合要求，油量是否充足，油泵管路是否畅通，管接法兰有无泄漏。

7.4.1.2 放料、冒槽、打垫子要盖好设备打污水，并迅速处理。在处理之前首先要戴好防护眼镜，预防料液溅出伤眼。

7.4.1.3 换盘根处理打垫子，首先戴好防护眼镜，关好考克放净料，方可作业。

7.4.1.4 倒槽子扒流槽，应注意不要掉入槽内大块或杂物。

7.4.2 单层分离沉降槽岗位

7.4.2.1 分离洗涤沉降槽：槽类设备及附属设施应定期进行检查、监测，凡槽体出现焊缝开裂、腐蚀、破损、明显变形、机械失灵、超过规定使用年限，均应报修或报废。管道均应按上述要求定期检查监测，并根据使用状况进行维修，直至报废拆除。

7.4.2.2 换进料管时，必须联系停料才能抽加插板。

7.4.2.3 取样测温时，必须联系停料才能抽加插板。

7.4.2.4 探清液层时，注意控液管不要掉入槽内。

7.4.2.5 槽内防止掉入杂物。

7.4.2.6 弹簧压缩时，不准在弹簧前通行。

7.4.2.7 在槽上行走时，注意不要掉入槽内。

7.4.3 粗液槽岗位

7.4.3.1 往混合槽伞齿轮加油，应避开咬合方向，不得用铁棍抹油，以免伤人及损坏设备。

7.4.3.2 倒泵抽加插板应联系好有关岗位，冒槽时防止灼伤。

7.4.4 沉降槽岗位

7.4.4.1 取样测温时，防止碱液烫伤。

7.4.4.2 抽加插板必须停料，防止分料箱倒料伤人。

7.4.4.3 盖好地沟盖板，走路勿滑倒。

7.4.5　污水槽岗位

7.4.5.1　倒泵抽加插板应联系好有关岗位，冒罐时防止灼伤。

7.4.5.2　带碱污水合理处理，不得任意排放。

7.4.6　过滤机岗位

7.4.6.1　清理半圆槽或进入半圆槽取东西时，必须停下搅拌，拔下保险丝，并由专人看守。

7.4.6.2　换考克或阀门时，必须停料，将管道存料放净或加好插板，带好防护眼镜。

7.5　脱硅

7.5.1　东、西组脱硅机岗位

7.5.1.1　脱矽机、管道设施等压力容器，均属特种设备，应按照《特种设备安全监察条例》、《压力容器安全技术监察规程》、《压力管道安全管理及监察规定》、《钢制压力容器》GB 150—1998 等法规标准进行设计、施工和管理。

7.5.1.2　槽类设备及附属设施应定期进行检查、监测，凡槽体出现焊缝开裂、腐蚀、破损、明显变形、机械失灵、超过规定使用年限，均应报修或报废。管道均应按上述要求定期检查监测，并根据使用状况进行维修，直至报废拆除。

7.5.1.3　当外压（蒸汽压力）突然降低时，应立即把所有新蒸汽门关闭，待外压升高后，再缓慢打开，以防倒压。

7.5.1.4　脱硅机闸门以里打垫子或管道破裂，应按顺序停车，待机内压力降至零，确定无泄露后方可进行处理。

7.5.1.5　脱硅机进料前，机内压力不大于管道压力方可进料。

7.5.1.6　隔离高压设备时，一定要选用合适厚度的插板，防止发生其他事故（4 寸时：5mm、6 寸时：8mm、8 寸时：10mm、10 寸时：12mm、12 寸时：12mm 以上）。

7.5.1.7　压力容器法兰盘、防护罩要齐全，设备检修、清理所拆下的安全防护设施（如防护罩、开关盖等），完工时必须恢复齐全，岗位要认真验收。

7.5.1.8　开车压盘根时：戴好防护眼镜；换压盘根时，螺丝不要全卸下来，以防盘根刺出，可以及时处理；可以采取降压措施（如关小气门，停粗液泵，慢出料等）。

7.5.1.9　压力过高时，应用空罐向外放汽，并联系调度压汽，防止因超压发生事故。

7.5.1.10　人工攀车时：要停电、验证、挂牌，工作时人要站在侧面。

7.5.1.11 发生打垫子时：迅速判明打垫子原因及部位，尽快将料撤出，切断料源、汽源，更换垫子；拆卸法兰螺丝时，要由下而上，防止容器内有余压漏出伤人，脸部偏离法兰；发生打垫子后，周边设备处于潮湿处，容易漏电，接触这些设备要格外小心，防止触电。

7.5.1.12 处理满罐时，不要在设备附近逗留。

7.6 碳酸化分解

7.6.1 分解槽岗位

7.6.1.1 槽类设备及相关设施：槽类设备及附属设施应定期进行检查、监测，凡槽体出现焊缝开裂、腐蚀、破损、明显变形、机械失灵、超过规定使用年限，均应报修或报废。管道均应按上述要求定期检查监测，并根据使用状况进行维修，直至报废拆除。

7.6.1.2 碳分槽分解时，必须先开后关。CO_2 总管压力不得超过 147kPa。通气时液面口、流槽挡板挡好，水封不得冒气。

7.6.1.3 碳种分槽开人孔、检查出料阀、卸三通前，必须量体积，确认槽内无料方可作业。

7.6.1.4 禁止在伞齿轮咬合处加油。

7.6.2 过滤机岗位

7.6.2.1 过滤机相关设施应定期进行检查维护。检查设备零部件是否齐全，紧固可靠，有无重大设备缺陷，设备周围有无障碍物，检查平盘、滤鼓电气设施声音、温度是否正常，真空系统是否有漏气、异声，各料管、阀门是否有泄漏，各控制仪表是否准确有效等。

7.6.2.2 使用大锤前先检查锤头是否牢固，打锤人与扶钎人不得同在一边。

7.6.2.3 活动精液考克料包放料，避免物料飞溅伤人。

7.7 焙烧

7.7.1 焙烧炉主控室岗位

7.7.1.1 焙烧炉及相关设施应定期进行检查监测，炉体焊缝开裂、明显变形、机械设施、监控装置、衬砖损坏、超过规定均应报修或报废。

7.7.1.2 在取样时要穿好劳动保护品；禁止湿手触摸电器设备。

7.7.1.3 更换油枪时穿戴好劳动保护品；戴好防护眼镜，与操作员联系好，减料、减油；不能从上而下拆卸法兰、格兰、人孔；工作时要互相监护。

7.7.1.4 清理废料、打扫卫生时先检查起吊设备有无故障；起吊区下方设有防护线；起吊严格按照操作规程，由专人负责操作。

7.7.1.5 进入风机室工作须两人以上进入、戴耳塞、保证照明充足。穿戴好劳动保护品。

7.7.1.6 电收尘顶部巡检、加油穿戴好劳动保护品、加油时不准戴手套。

7.7.2 铝氧皮带岗位

7.7.2.1 更换托辊时停车更换。

7.7.2.2 开车时确保皮带上无人。

7.7.3 油库岗位

7.7.3.1 油区的一切电气设施均应选用防爆型，电气线路均应采用阻燃电缆或钢管配线，不准有架空线。

7.7.3.2 油罐区和卸油区必须有避雷装置和接地装置，油罐接地线和电气设备接地线应分别装设。应有明显的接地线。

7.7.3.3 油罐区、油管区应有可靠的防静电安全接地装置，并定期检测维修。

7.7.3.4 输油管到泵时穿戴好劳动保护品；不要正对着密封点。

7.7.3.5 卸车时穿戴好劳动保护品；不要正对着出油口。

7.7.3.6 放水时穿戴好劳动保护品；不要正对着放水考克。

7.7.4 氢铝包装岗位

7.7.4.1 开车时确保皮带上无人；防护设施齐全。

7.7.4.2 缝包时要小心谨慎，协作配合。

7.8 煤粉磨制

7.8.1 煤粉磨岗位

7.8.1.1 煤粉的制备、输送、储存系统，设计时应充分注意消除流入管道、容器的死角，消除制粉系统及设备可能积煤的部位。制粉系统停用时必须进行吹扫煤粉，输煤管道停用时应进行吹扫除粉。

7.8.1.2 在煤粉储仓（罐）等容器内设置二氧化碳灭火和充氮系统，并保证该系统处于随时可用状态。设置在线监控装置、报警系统，并确保安全运行有效。

7.8.1.3 不得携带汽油、煤油、酒精、橡胶水等易燃品进入岗位和操作室。

磨机运转中，不得在防爆阀处停留，各控制门（不包括冷风门）和检查门一律不得打开。

7.8.1.4 煤粉容器管道上应设置煤粉卸压孔，降低万一爆炸时产生的破坏力。

7.8.1.5 棉纱和带油污的杂物必须放入指定的带盖容器内，严禁混入生产流程。

7.8.1.6 检查转动部位时，衣扣和袖口要扣好扎好，并观察周围有无障碍物，并保持一定距离。

7.8.1.7 设备运转中，不准清扫或擦拭转动部位，不得戴手套和使用棉纱，擦拭靠近转动部位部分，只允许使用短棍抽布，进行抽擦。

7.8.1.8 站在筒体上部工作时，不得穿硬底鞋，并扎好安全带。

7.8.1.9 进入磨机内工作前，必须切断电源，挂上工作牌（属于操作工进磨内工作，工作牌由操作工挂），热风门关严，冷风门打开，磨内要保持15~20mm H_2O 负压，确认无误，方可进入磨内工作，必须有二人同时进行。清理筛板缝时要戴好防护眼镜，工作期间不得进行装球。

7.8.1.10 清理粗粉分离器杂物时，要保持分离器内有15~20mm H_2O 负压。

7.8.1.11 磨机进料管、粗粉分离器内磨出口管道不得积存原煤和煤粉。

7.8.1.12 发生着火或爆炸，必须查清原因并提出防范措施，经检查确无着火或爆炸隐患时，方能开车。

7.8.1.13 处理着火时，首先隔绝空气使用蒸汽或灭火器材灭火，严禁用水浇注。

7.8.2 螺旋岗位

7.8.2.1 进入煤粉仓内工作之前，将煤粉全部排空，自然通风2h以后，经检测仓内无煤气时，扎好安全绳（绳头系在仓外），方能进入，必须有二人同时入内工作，并另设一人监护。

7.8.2.2 细粉分离器、扩散收尘器及所属管道，大煤粉仓发生着火，立即停煤粉排风机和螺旋输送机，并不得打开任何检查门，尽快将大煤粉仓储存煤粉用完，根据着火部位，使用蒸汽、灭火器或砂土将火扑灭，绝不能用水浇注。在灭火时注意煤气中毒，找出着火原因及采取防范措施和检查无着火隐患后，经领导批准，方能开车。

7.9 高温车间

7.9.1 高温窑窑前岗位

7.9.1.1 点火向窑内喷油时，不能直对人孔向窑内观看，其余人员必须离开窑头。

7.9.1.2 打开窑头检查耐火砖、下料时，应站在人孔的侧面或较远的地方，慢慢打开，以防料子突然溢出烫伤，窑内负压应控制在2mmH_2O以上，防止反扑喷出热料烫伤。

7.9.1.3 严禁用带油的铁锨、取样勺取样和清理热料。

7.9.1.4 鼓风机自动停车、窑头反扑、断料及燃油燃烧不好时，要立即通知电收尘工，撤离收尘室，以免爆炸伤人。

7.9.1.5 进窑工作时，温度要小于 50℃。照明使用 24～36V 的安全灯。

7.9.2 排风机电收尘岗位

7.9.2.1 突然断料临时烘窑期间，必须及时观察风机动态，记录好风机进口废气温度，及时汇报窑前。

7.9.2.2 检查吹灰器、换垫子，考克管道烧焊时，一定要先停风，不能带压力处理。

7.9.2.3 使用整流室备用母线时，禁止使用长铁棍之类工具。

7.9.2.4 动力盘控制盘按取保险丝时，必须用绝缘钳子，戴好绝缘手套，穿好绝缘鞋，站在绝缘点子上。

7.10 化验取样

7.10.1 分析岗位

7.10.1.1 对没有标签不知成分的试剂，在未弄清性能之前不能使用。

7.10.1.2 在使用有毒、易燃、易爆、易挥发等物品时，要特别注意，并应有必要的安全措施。

7.10.1.3 做好防火、防爆、防毒、防烧伤工作，各岗位配备好应急的各种防烧伤药品。

7.10.2 取样岗位

7.10.2.1 取样时，侧身转动考克取样，防止带碱溶液或含碱物料烫伤。

7.10.2.2 使用破碎机等电器设备严格按安全规程操作，做好防触电工作。

7.11 种母蒸发

7.11.1 分解槽岗位

7.11.1.1 管式、强循、标准式蒸发器及压力管道均属特种设备，应按照国标严格执行。

7.11.1.2 进槽内工作时，首先要填写好《进入特种设备和危险部位作业许可证》，槽内进料管道全部加好插板，联系操作工人停电，要穿戴好一切劳保用品，行灯电压不能超过 12V。要严防 CO_2 管道漏气，以防中毒。

7.11.2 标准式蒸发器岗位

7.11.2.1 总蒸汽压力（低压汽）突然升到 0.55MPa 以上，立即联系调度压汽，降至 0.40MPa 左右，待气压降至要求后，关闭放汽闸门。

7.11.2.2 进入蒸发器工作前，进料管道加好插板，卸开下料口管道，必须拉下搅拌机保险丝，挂上“有人工作，不准合闸”的警告牌，待罐内温度降到

45℃以下，方可进入，罐内使用12V安全灯。

7.12 计量控制

7.12.1 放射源管理

7.12.1.1 进入放射源直射区工作时，源罐的门应关闭，填写放射工作申请报表，经放射防护负责人和安全科、保卫科批准后，方可进行工作，工作结束后申请报告应返回安全科、保卫科。

7.12.1.2 放射源操作人员要佩戴个人剂量计和放射工作人员证。

7.12.1.3 所用钥匙要妥善保管，防止丢失。

7.12.2 仪表班

7.12.2.1 更换、安装带压管道、容器上的计量器具或检测用具要卸压，以防物料喷出伤人。

7.12.2.2 到石灰炉顶或二氧化碳系统作业，必须两人以上并有防护措施，以防一氧化碳中毒。

7.13 烧成

7.13.1 窑前岗位

7.13.1.1 点火时在场人员必须站在窑头两侧，箅冷机、电收尘及喷枪平台无人工作。喷煤时窑头不准站人或通过，以防止回火伤人。

7.13.1.2 排风机突然停车马上停止喂煤，然后联系各岗位停车。

7.13.1.3 停窑探砖和窑皮时不得一人入窑。

7.13.1.4 窑内温度高或有明火，试送煤系统设备应提前开启排风机转窑，以防止放炮。

带料停窑、进窑内检查或处理问题，掩车时物料偏向一侧，沿物料侧向里行走，以防止烫伤。

7.14 赤泥堆存

7.14.1 赤泥堆场设计应论证其位置是否存在安全隐患，如库区汇水面积、排供能力、最大暴雨及洪水频率，地形地貌特点，下游居民区可能受到的危害程度分析，堆场初期大坝的稳定性分析等，并经专家审批通过。

7.14.2 赤泥堆场大坝设计应进行防渗计算，以确定坝体浸润线、逸出口、渗流量，浸润线逸出口尾矿堆积坝上坡，应设反滤层保护。考虑地震载荷，应按《水工建筑物抗震设计规范》的有关规定进行计算。

7.14.3 赤泥坝应设置坝体位移和坝体浸润线观测设施，必要时应设置孔隙水压力，渗透水量及其浑浊度的观测设施。

7.14.4 赤泥堆场排洪构筑应控制常年供水不产生无压与有压交替的工作状态，无法避免时，应加设通气管，排水管或隧洞，最大流速不应大于管壁材料的容许流速。

7.14.5 排水构筑物的基础应避免设置在工程地质条件不良或需要填方的地段。无法避免时，应进行地基处理设计。设计排水设施时，应考虑终止使用时在井底和支洞末端进行封堵措施。

7.14.6 在排水构筑物、堆场适当地点，应设置清晰醒目的水位标尺。

7.14.7 严格筑坝质量标准，每层坝顶宽500mm，底宽1100mm，坝高600mm，筑坝随筑随踏实，坝坡、坝顶平整无松动，无缝隙。

7.14.8 外坝每上升5m留一条1.5~2m的环形通道。坝上行走安全通道，不得沿外坝边沿行走。

7.14.9 坝上回水严格执行相关规定。回水池水位控制不大于1m，汛期不大于1.5m，确保回水管道畅通。

8 拜尔法工艺

8.1 矿浆制备、溶出工序

8.1.1 固体输送岗位

8.1.1.1 皮带打滑时，严禁向主动轮内塞东西，如果皮带打滑或跑偏造成被动轮处存有大量积料，必须立即停车，清除积料后方可开车。

8.1.2 堆、取料机岗位安全技术操作规程

8.1.2.1 应保证堆取料机在正常工作条件下（包括签约各方同意的气候条件）整机的强度、刚度和稳定性。

8.1.2.2 无论是工作状态或非工作状态，堆取料机在规定的俯仰范围内所处的各种位置上，整机均应处于稳定状态；悬臂在规定俯仰范围内不允许有影响整机稳定性的震动。

8.1.2.3 在堆取料机输送线路上，特别是在取料、卸料和转运点必须保证物流顺畅，在取、卸料峰值能力时不应有物料溢出或堵塞现象。

8.1.2.4 在正常工作条件下，输送机的倾角和承载件结构必须防止被输送物料的打滑或意外掉落。

8.1.2.5 在平台和通道上，凡能触及到的旋转和移动件都应设置防护栅或防护罩；对于因露天而影响使用性能的机、电器件应设防雨罩，必要时还应设有检视孔。

8.1.2.6 根据堆、取物料的不同特点，应在取料及物料转载等扬尘处采取防尘措施；司机室内粉尘含量应小于 $10mg/m^3$，设备粉尘排放量应小于 $150mg/m^3$。

8.1.2.7 司机室内噪声应小于 70dB(A)。

8.1.2.8 停止作业时，大臂必须调回东、西位置，大车放下夹轨器。

8.1.2.9 风力在 8 级以上，堆料作业时必须使用夹轨器。

8.1.2.10 悬臂旋转时，平台上不能站人，并且注意观察取料机位置，防止发生碰撞。

8.1.2.11 大车移动方向与皮带顺行时，必须注意大车惯性。

8.1.2.12 电器出现故障时，必须找电工处理。

8.1.2.13 给链条、钢丝绳、卷扬机加油时，需双人配合，联系互相确认，才能作业。不能在链条咬合处加油。

8.1.2.14 料斗挖料，保证 1/4 进量。

8.1.2.15 清理料斗时，必须停电，同时防止重力偏心伤人。

8.1.3 叶轮取料机岗位安全技术操作规程

8.1.3.1 注意行走到南北两头时，防止电刷脱出。

8.1.4 矿浆磨岗位安全技术操作规程

8.1.4.1 倒球时，磨底不得有障碍物，并设置安全防护设施。空磨装球时，要将磨体固定好，防止磨体转动，要设安全栏、绳，人员扎好安全绳，磨下不得有人。

8.1.4.2 及时清除分级机溢流箅子杂物，监控好槽体液位，杜绝冒槽，防止淹地坑。

8.1.5 稀释槽岗位安全技术操作规程

8.1.5.1 管道化停车时，要做好事故预想预测，拉低稀释槽体积，停车扫线时稀释槽周围不能有人。

8.2 沉降、精液制备、赤泥处理工序

8.2.1 沉降槽岗位技术操作规程

8.2.1.1 沉降槽的制作不得有破损，裂缝或者泄漏现象。

8.2.1.2 输送物料的泵，管道，溜槽，控制阀必须完好，无腐蚀，破损，裂缝，漏液现象。

8.2.1.3 物料输送讯号完善，灵敏。取样、测温时，防止碱液烫伤。

8.2.1.4 抽加插板必须停料，挂停电牌，不能面对法兰盘。

8.2.1.5 擦机械时，严禁擦运转中的部位，防止传动部位咬合伤人。

8.2.1.6 槽上不得随意向下扔东西，如有需要，投掷下方应设立安全防护或专人监护。

8.2.1.7 取样时防止料溅到身上。

8.2.2 赤泥过滤机岗位安全技术操作规程

8.2.2.1 设备运转清理时，禁止用锤敲打设备，以免结疤掉入半圆槽，划破滤布和造成其他故障。

8.2.2.2 清理半圆槽或进入半圆槽工作时，必须停下搅拌切断电源，并有人监护。

8.2.2.3 换考克时必须停料，并将管内料放净，或加插板，戴好防护眼镜。

8.2.2.4 试车时为防止板框密封不好发生刺料，要在板框两侧用滤布挡一下，避免刺料伤人。

8.2.2.5 滤液集液管在反吹风时受压，要确保集液软管承压能力，制定使用周期，到期更换。

8.2.2.6 不得在设备程序运转中清理粘在板框密封处的赤泥，防止被板框挤住，伤害人或伤害设备。

8.3 种分工序

8.3.1 板式岗位

8.3.1.1 进精液槽内工作时，要和有关人员、岗位联系好，切断料源，所有进料管道必须加插板，确认无料后方可工作。严防物料窜入伤人。外面要有人监护，照明用电压36V以下安全灯。

8.3.1.2 开停板式热交换器时，一定要配合好精液和母液同时开关，严防偏压打垫子喷料伤人。

8.3.2 种分出料泵岗位安全技术操作规程

8.3.2.1 清理检查槽子使用大锤时，锤头要牢固，与扶钎者不得同在一边。

8.3.2.2 种分槽开人孔，检查出料阀，必须联系槽上探槽，所有进料管道必须加插板，确认无料后方可工作。

8.3.2.3 泵浦、槽子、管道清理检修时，必须切断电源、料源、气源和风源。施工单位无问题后，填好安全卡片，挂上警告牌，方可工作。

8.3.2.4 泵浦及考克、阀门更换垫子盘根，或检查管道时，必须切断电源、料源，消除压力后挂上警告牌，方可工作。

8.3.2.5 槽下照明充足，行走要注意上下部，戴好安全帽，避免碰头或跌倒。入槽温度不得超过50℃，行灯要用安全电压（12V或24V）。

8.3.3 平盘过滤机岗位安全技术操作规程

8.3.3.1 过滤机控制按钮灵敏可靠，指示灯清晰明亮。

8.3.3.2 过滤机传动部位必须设有安全防护罩。

8.3.3.3 输送物料的泵，管道，控制阀门必须完好，无腐蚀，破损，裂缝，漏液现象。

8.3.3.4 电机接地良好，接地电阻不大于4Ω。皮带主、被动轮、托辊因粘料需进行清理时，必须停车进行处理。严禁在运行中用锹或其他工具进行清理。

8.3.3.5 皮带跑偏时，要及时调整调偏装置，必要时可以调整被动轮小车。严禁用棍棒或其他工具别皮带。

8.3.4 氢铝混合槽岗位安全技术操作规程

8.3.4.1 混合槽和污水槽加油时应在伞轮分离方向加。

8.3.4.2 泵浦及阀门换盘根、管道换垫子或抽加插板须将压力消除后进行，上卸螺丝时注意防止扳子打滑或物料伤人。

8.4 蒸发、循环水处理工序

8.4.1 压缩机岗位安全技术操作规程

8.4.1.1 储气罐无严重腐蚀，要求每年对储气罐进行一次除锈刷漆的保养，用测厚仪测量罐的厚度，按正常使用压力进行强度校核。

8.4.1.2 安全阀、压力表灵敏可靠，定期校验。安全阀、压力表要每年进行一次校验，调整后的开启压力小于最高允许压力，并有铅封。

8.4.1.3 储气罐支撑平稳，正常运行时无明显的晃动，在支撑与罐体的焊接处无裂纹。

8.4.1.4 空压机电机护栏可靠，防护栏要将电机围住，并能保证操作人员巡视检查时衣袖不会被卷入。

8.4.1.5 操作室的噪声应小于85dB(A)。清理时拆卸气阀前，要放掉缸内余气，使用工具不能违反安全规定。

8.4.2 蒸发器岗位安全技术操作规程

8.4.2.1 所有设备管网、仪表及其他设施等安装应符合设计要求，蒸气阀门、管道无泄漏。

8.4.2.2 各容器内应无杂物，所有人孔、目镜、封头的垫了、盘根应完好。

8.4.2.3 所有泵浦等运转设备的传动部位，冷却润滑系统和电气启动系统应正确、完整无缺。

8.4.2.4 各自控仪表及蒸汽供应装置、回水控制阀门、自控装置应安装齐全。

8.4.2.5 蒸发器酸洗后未经置换、通风，不得动火作业。进入蒸发器内部时，进出料管必须加插板，蒸发器内温度45℃以下方可进入，使用12V安全灯。

8.4.2.6 总蒸汽压力突然升到0.8MPa以上，立即联系压气，打开放气阀，待气压降至规定以下时，关闭放气阀。

8.4.2.7 蒸发器运转中，不准用冷水冲洗目镜；蒸发器罐内有正压，不准正对目镜紧螺丝。

8.4.2.8 酸洗作业严格规程，特别注意要先加水后加酸。

8.5 分析

8.5.1 易燃易爆物品，应存放在专用仓库或专用工作室内，且存放量不多于20kg。

8.5.2 易爆物品，应存放在危险品仓库内，要防止受热，不要与氧化剂放在一起。

8.5.3 易燃及易挥发（如油类、酚类、苯类、醚类、黄磷、硫黄、浓盐酸、浓氨水等）物品应放在通风阴凉的地方，室温高时，在开启前应先冷却。

8.5.4 蒸馏可燃物质（回收酒精、乙醚、乙酸乙酯等）时，应先把水通入冷凝器内，并经常注意冷却情况，不应在明火电炉上加热，接收器最好放在沙浴内。

8.5.5 强氧化剂与还原剂，如氯酸钾与硫黄（或有机物）不应在一起研磨。

8.5.6 氢气、煤气、电石气（乙炔）等不能混入空气，以免遇火时产生爆炸。

8.5.7 有毒化学试剂进入、领取必须有详细的记录和签名。剧毒物品（如氰化物、砷化物、氯化钡、汞盐等）应放入保险柜中有双人双锁保管并有详细记录。

8.5.8 配制大量的放热试剂（如氢氧化钠、硫酸等）溶液时，应使用耐热的容器，并置于冷水槽中进行。

8.6 矿场

8.6.1 在矿场指挥倒车时，指挥人员必须站在汽车左侧1.5m以外，汽车后轮距坡顶线必须大于1m。

8.6.2 矿场坡底下面严禁站人和人员活动，矿石堆顶边沿2m内严禁站人。

8.6.3 进口铝矿石堆存，应根据实际使用地形储存矿石，矿堆分为上下两层错层储存方式，每层高度不准高于5m，矿堆顶面为平面。

8.6.4 矿堆进出车道为单行循环车道，路面宽度大于5m，道路两边设有不低于1m的安全护坡。

8.6.5 矿堆装卸料分为错层作业，装上层料，将料卸在下层料堆，装下层料，将料卸在上层料堆，上层装料工作面积大于30m。

8.6.6 矿堆自然堆积角（安息角）不小于36°，矿堆边缘须设有高于1m的安全护坡。

8.7 取样

8.7.1 进入岗位现场应首先观察周围环境，记住冲洗水源的位置。

8.7.2 取样时身体远离取样考克，脸部不要正对考克芯子，防止碱液灼伤眼睛。

8.7.3 走路时，注意地面，防止滑倒，谨防走路碰头、绊倒。

8.7.4 上下楼梯时，抓好扶手，缓慢行走，防止滑倒。

8.7.5 使用三轮车时，首先检查车辆手闸是否完好，转弯时速度不要太快，防止三轮车侧翻。

8.7.6 拿取样容器时要轻拿轻放，防止容器内溶液溅出伤人。